DÉCOUVERTE ET CRÉATION

Les Bases du français moderne

Cinquième Édition

GÉRARD JIAN
University of California, Berkeley

RALPH HESTER
Stanford University

Cahier d'exercices:

Exercices écrits et Exercices de laboratoire

HOUGHTON MIFFLIN COMPANY   BOSTON
Dallas   Geneva, Illinois   Palo Alto   Princeton, New Jersey

Illustrations in this book have been created by the following artists: Penny Carter, Marci Davis, and Susan Swan.

Printed in the U.S.A.

ISBN: 0–395–52942–5

DEFGHIJ-CS-998765432

TABLE DES MATIÈRES

Practicing French Outside the Classroom

Ideally, beginning foreign language students will acquire most of their skills by talking to others in real social situations. Even the least gifted newcomers, thrust into a foreign milieu, learn to communicate if they need and want to. Nevertheless, for most adults this process takes a long time because social situations are seldom structured according to the needs of beginning learners. On the other hand, classroom learning, which is carefully structured and therefore somewhat more efficient, is a practical substitute for the haphazard language circumstances of the real world. Yet however effective classroom learning may be, certain kinds of learning happen best through individual practice.

In *Découverte et Création,* individual practice in listening, understanding, speaking, and writing is accomplished in two ways. First, regular homework assignments in the *Exercices écrits* provide immediate written review and reinforcement of particular concepts that you have just learned through oral activities in class. Second, the *Exercices de laboratoire,* which are done only after the entire lesson has been completed in class, provide you with the chance for self-paced practice of this same material. You can pace these activities to your own individual learning rates, even repeating certain activities, if you need to, until you grasp the issue in question.

Exercices écrits

Beginning with Lesson 2, every lesson starts with one or two *Récapitulation* exercises that review previously-learned material. Following this review, all exercises are clearly cross-referenced to the text to identify the particular elements from the lessons that are being practiced. These exercises range from simple to complex, for instance from recall of memorized words to the recasting of thought from one tense to another. The majority of the exercises focus on a single element, segment, or aspect of thought.

Some written work is open-ended—that is, it has no right or wrong answers. This type of activity requires the use of one or more given structures but also calls for your own personal expression, using whatever appropriate vocabulary and grammar you can handle with accuracy (e.g., What should one do before an exam? *One should . . .*) . Finally, totally creative expression is encouraged when the *Exercices écrits* culminate in an original composition. Your instructor may also assign one of the *Compositions orales/écrites* suggested in your text.

When your written work is corrected, don't just shrug at mistakes that you could have avoided. Although errors are a part of learning, you should try to analyze their cause and especially to note which types of errors you make frequently. Keep your corrected written work for reference and review.

Exercices de laboratoire

The laboratory program, a series of recorded tapes corresponding to the different lessons of *Découverte et Création,* will enable you to practice at your own learning rate. Whenever necessary, you can rewind and listen and practice again, skip over what you have mastered, or drill for review later on.

Some students are less adept at listening comprehension than others. If your attention span in foreign language practice is short, do the *Exercices de laboratoire* in several periods of ten to fifteen minutes, rather than listening to a whole lesson during one uninterrupted hour.

Some laboratory exercises are oral, and some (marked **oral-écrit**) are both oral and written. If you have time, it is preferable to listen to the exercises at least once before writing those marked **oral-écrit.** A good procedure is to listen to two or three exercises and then go back and write in those marked *écrit,* then go on to the next two or three exercises, again going back for the written step. Alternatively, you might listen to an entire lesson, then go back and do the written exercises. If you still have difficulty grasping the patterns after listening once, go back and listen a second and perhaps a third and fourth time before attempting to do the written parts. Writing should always be the last step.

In each exercise the entire question or cue is on the tape, followed by a pause for your response. Then you hear the correct response on the tape. Repeat the correct response after hearing it. This way, you can immediately correct both the oral response and your written answer (except for spelling).

Listening equipment that you can stop, start, rewind, and move forward at high speed is ideal for accommodating your individual learning abilities and habits. It is best if you can record your own voice on a track separate from that of the master recording. In this way, you can go back and check for errors in pronunciation and grammar by comparing your voice with the response recorded on the master tape. This process takes a lot of time. Use it sparingly, so as not to exceed your concentration span.

Listening to your own pronunciation and comparing it with that of a native speaker does not guarantee improvement. You must know how to listen, what to listen for, how to recognize an error, how to categorize it among many possible phonetic problems, and, finally, how to correct it. Most students need guidance to succeed in doing all this. Therefore, a general orientation lesson about learning French begins the tape program. Then, the first three tape lessons deal specifically with many pronunciation points. The first three lessons include drills where you can profitably—especially with proper guidance—record your own responses and then go back and listen to them, concentrating on specific articulation and intonation phenomena.

Whether or not you record them, *say your responses aloud.* If you listen without active participation, you will become bored and will not benefit from the lesson. Enunciate your response clearly. Also, remember that these are practice exercises and that you are not expected to do everything correctly the first time.

Many exercises are preceded by an explanation in English. This explanation offers a succinct rule, often presented differently from the *Explication* in your text. The two approaches supplement rather than replace each other. Naturally, a recording cannot reproduce all the elements of your instructor's in-class presentation. In class, you understand by seeing as well as by hearing. Facial expressions, gestures, props, position, and relative distances, all part of real communication, are almost impossible to convey in a recording. Therefore, to compensate for the missing factors that exist in human dialogue in addition to pure speech, English is used in the laboratory program.

Beginning with Lesson 4, many tape lessons include a *dictée,* a short dictation that you are to write in French. Occasionally, your instructor may not assign the *dictée,* or may assign only a part of the *dictée* to be written. The *dictées* include not only the vocabulary of the corresponding lesson recently finished in class, but also the vocabulary of the preceding lessons. In this way, each *dictée* provides a review for which there may not be time in class.

Try not to let too much time pass between completing a lesson in class and beginning your corresponding practice in the *Exercices de laboratoire.* The sooner you reinforce with practice outside the classroom what you have learned in class, the longer you will retain it.

In some programs your instructor may give you precise directions for laboratory homework; in others, you may be expected to do the entire tape program on your own. In any case, make sure you understand how you are to use the laboratory program before you begin.

Material taken directly from the text is not included with the twenty-four individual lessons and two review lessons of the tapes. Instead, the *Lectures* and the *Échanges* of each lesson are recorded in sequence on separate tapes.

R.H.   G.J.

Première Leçon

Exercices écrits

A. Salutations, Formules de politesse. Voilà deux conversations. Remplacez le tiret (_____) par un mot ou une expression de la liste. *[Section 1]*

Et vous	**Très bien**
Madame	**Comment ça va**
Comment allez-vous	**À demain**
Au revoir	**Je m'appelle**

1. —Bonjour, _____

   —Bonjour, Monsieur. _____

   —Très bien, merci. _____

   —Très bien, merci.

   —_____, Madame.

   —À bientôt.

2. —Bonjour, Monique.

   —Salut, Pierre. _____

   —Ça va, et toi?

   —_____, merci.

   —Ciao, Monique.

   —_____, Pierre.

3. —Comment vous appelez-vous?

   —_____Nicole Leduc, et vous?

B. Genre des noms. Remplacez le tiret (_____) par **un** ou **une**. *[Section 2]*

◼ C'est __*un*__ mur.

1. C'est _____ mur.
2. Montrez-moi _____ porte.
3. Voilà _____ livre.
4. C'est _____ tableau.
5. Voilà _____ fenêtre.
6. Montrez-moi _____ stylo.
7. C'est _____ bureau.
8. Montrez-moi _____ autre bureau.
9. Voilà _____ étudiant.
10. Voilà _____ étudiante.

C. Genre des adjectifs. Écrivez la forme correcte de l'adjectif. *[Section 2]*

1. Qui est présent?

   Robert est _____. Sally est _____.

2. Qui est absent?

   Monique est _____. Charles est _____.

3. Qui est extraordinaire?

   Georges est _____. Sylvie est _____.

D. *Qu'est-ce que c'est? Qui est-ce? Est-ce ... ?* Voilà des images. Répondez aux questions.
[Sections 2, 3]

▮   Qui est-ce?   *C'est un étudiant.*

▮   Qu'est-ce que c'est?   *C'est un bureau.*

▮   Est-ce un livre?   *Non, c'est une chaise.*

1.   Est-ce un crayon? _____

2. Qui est-ce? _____

3. Qu'est-ce que c'est? _____

4. Qu'est-ce que c'est? _____

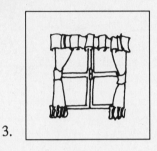

5. Est-ce un monsieur? _____

6. Qui est-ce? _____

7. Qu'est-ce que c'est? _____

8.   Est-ce une porte? _____

9.   Qu'est-ce que c'est? _____

Première Leçon
Exercices de laboratoire

A. (oral) Prononciation.   You will hear a common greeting or introduction. Repeat it. You will hear the same sentence again. Repeat it a second time.

B. (oral) L'alphabet.   Repeat each letter.

a / b / c / d / e / f / g / h / i / j / k / l / m / n / o / p / q / r / s / t / u / v / w / x / y / z

Note the following contrast: g / j.

Now repeat: g...j, j...g.

Read aloud the letters printed here and compare your pronunciation with that of the native speaker.

a / e / i / o / u / b / c / a / g / r / h / t / v / e / x / l / s / i / q / w / o / m / k / f / j / p / y / z / u / n / d

C. (oral) L'alphabet.   Spell the following words in French. The correct spelling for each will be given after your response.

livre	bonjour	anglais
mur	cahier	stylo

D. (oral) Prononciation: [y].   Now practice the following sounds and words.

[y]	une	une chaise	une femme

E. (oral) Prononciation: [y].   The following words contain the vowel sound [y].

Repeat: **mur.**   Again: **mur.**

Now repeat each of the following words.

numéro	bureau	étudiante
étudiant	salut	

F. (oral) Prononciation: [ø].   Another vowel sound in French is produced by pronouncing one sound with your lips and, at the same time, another with your tongue. It is the vowel sound [ø] in the number 2: **deux.**

deux	monsieur	[ø]

Now repeat the following words.

neutre	monsieur	deux

G. (oral)   Prononciation: [œ].   Here is another vowel sound only slightly different from the [ø], as in **deux,** that you practiced earlier. For this vowel sound, the mouth is more open, [œ]. Repeat the words you hear.

peuple	**jeune**	**neuf**
professeur	**intérieur**	

H. (oral)   Prononciation: [ã].   There are several nasal vowels in French that are caused by the presence of an *n* or an *m* under certain conditions. Although the *n* or *m* causes nasality, neither is pronounced. For example, you hear only a nasal vowel at the end of the words:

absent	**excellent**
présent	**étudiant**

I. (oral)   Prononciation: [ɛ̃].   Another nasal vowel sound is [ɛ̃], which you hear in these words:

féminin	**à demain**
masculin	**bien**

J. (oral)   Prononciation: [œ̃].   Another nasal vowel sound is [œ̃], as in the indefinite article **un.** Now repeat it in the following short sentence.

C'est un livre.

K. (oral-écrit)   Prononciation et grammaire.   You will hear the question **Qu'est-ce que c'est?** followed by a masculine noun. Answer with a complete sentence, using **C'est un** before the word given.

▉ Qu'est-ce que c'est? / livre
   C'est un livre.

The correct answer is given after your response. Repeat the correct answer. Then stop and write **C'est un** on each line provided.

_____ stylo.   _____ tableau.

_____ mur.   _____ bureau.

L. (oral-écrit)   Prononciation et grammaire.   Now you will hear the question **Qu'est-ce que c'est?** followed by a feminine noun. Respond with a complete sentence that begins with **C'est une ... .** Since **une** indicates feminine gender, do not confuse it with the nasal sound of the masculine **un.**

The correct answer is given after your response. Repeat the correct answer. Then stop and write **C'est une** on each line provided.

_____ chaise.   _____ porte.

_____ fenêtre.   _____ table.

M. (oral-écrit)   Prononciation et grammaire.   In French, an adjective agrees with the noun it modifies. If an adjective ends in the letter -*e*, then it remains unchanged for either the masculine or the feminine singular noun it modifies. This is the case, for example, with the adjective **dogmatique,** masculine, and **dogmatique,** feminine. You will hear the beginning of a sentence and an adjective ending in -*e*. Make a complete sentence.

◼ Monsieur Moray / dogmatique
   Monsieur Moray est dogmatique.

After you hear the correct answer, repeat it and write the adjective on the line provided.

Monsieur Moray est _____ .

Mademoiselle Clark est _____ .

Monsieur Brown est _____ .

Mademoiselle Taylor est _____ .

Monsieur Kelly est _____ .

Mademoiselle Canfield est _____ .

N. (oral-écrit)   Prononciation et grammaire.   Most adjectives in French change from masculine to feminine in such a way that you can see and hear the difference. Most of the time, this consists of adding the letter -*e* to the masculine to form the feminine. But be careful! The -*e* is not pronounced, but it causes the preceding consonant to be pronounced. Listen, for example, to this masculine adjective: **présent.** Now listen to the feminine: **présente.** Now you will hear the beginning of a sentence and an adjective. Make a complete sentence.

◼ Monsieur Moray / présent
   Monsieur Moray est présent.

After you hear the correct answer, repeat it and write the adjective on the line provided.

Monsieur Brown est _____ .

Mademoiselle Taylor est _____ .

Monsieur Smith est _____ .

Mademoiselle Canfield est _____ .

Monsieur Moray est _____ .

Madame Tucker est _____ .

Échanges, Découverte et Création, page 15.

You may now listen to the *Échanges* dialogues that appear on page 15 of *Découverte et Création*. They are recorded on a separate tape containing selections from the textbook.

Deuxième Leçon

Exercices écrits

A. Récapitulation.   Écrivez **un, une, c'est** ou **voilà.**

—Qu'est-ce que _____ ?

—_____ _____ mur!

—Très bien! Montrez-moi dix étudiants.

—_____ dix étudiants.

—Excellent! Montrez-moi dix étudiantes.

—_____ dix étudiantes.

—Très bien! C'est _____ classe extraordinaire!

B. Identification générique et spécifique.   Remplacez le tiret par **un, une, le, la** ou **l'**. *[Section 1]*

◼ C'est *un* livre.
C'est *le* livre de Mademoiselle Cooper.

1. C'est _____ livre.

C'est _____ livre de Monsieur Taylor.

2. C'est _____ sac.

C'est _____ sac de Suzanne.

3. C'est _____ auto.

C'est _____ auto de l'étudiante.

4. C'est _____ cravate.

C'est _____ cravate de Daniel.

5. C'est _____ porte.

C'est _____ porte de la classe de français.

C'est _____ autre porte de la classe de français.

6. C'est _____ stylo.

C'est _____ stylo de Madame Duval.

7. C'est _____ clé.

C'est _____ clé de l'auto de Madame Duval.

8. C'est _____ pantalon.

C'est _____ pantalon de Robert.

9. C'est _____ chemise.

C'est _____ chemise de Richard.

10. C'est _____ histoire.

C'est _____ histoire de Robinson Crusoé.

C. Le pluriel. Écrivez le pluriel. *[Section 2]*

▮ C'est un mur.
Ce sont des murs.

Voilà le stylo de Robert.
Voilà les stylos de Robert.

1. C'est l'étudiant de Madame Lambert.

_____

2. Voilà un dictionnaire.

_____

3. C'est une adresse.

_____

4. Voilà un enfant.

_____

5. C'est la main de Jim.

_____

6. Voilà le doigt de Vincent.

_____

7. C'est un calendrier.

_____

8. Voilà la chaussure de Nathalie.

_____

9. C'est une poche.

_____

10. Voilà le pied d'André.

_____

D. Identification précise. Remplacez le tiret par **de la, de l', du, des** ou **de.** *[Section 3]*

■ C'est le livre ___*de l'*___ étudiante.

1. C'est le peigne _____ professeur.

2. Voilà la fenêtre _____ classe _____ français.

3. C'est l'ami _____ Suzanne.

4. Voilà le portefeuille _____ étudiant.

5. C'est la clé _____ auto _____ professeur.

6. Voilà la chemise _____ Pierre.

7. C'est la main _____ Monique.

8. Voilà la chaise _____ professeur _____ classe _____ français.

9. C'est le bureau _____ professeur.

10. Voilà Jean-Claude et voilà l'auto _____ Jean-Claude.

11. C'est la jupe _____ amie _____ étudiant _____ classe _____ Monsieur Moray.

12. C'est l'opinion _____ étudiants.

E. Identification précise. Remplacez les tirets par **le, la, l'** ou **les** et par **de, de la, de l', du** ou **des**. *[Sections 1, 2, 3]*

■ Voilà ___*les*___ étudiants ___*de la*___ classe de français.

1. Voilà _____ auto _____ parents _____ Richard.

2. Ce sont _____ oreilles _____ Dumbo.

3. Voilà _____ ami _____ étudiants.

4. Voilà _____ histoire _____ Georges et _____ Laura.

5. C'est _____ poche _____ costume _____ Monsieur Perrier.

6. Ce sont _____ opinions _____ sénateurs.

7. C'est _____ frustration _____ adolescents.

8. Voilà _____ main _____ femme.

F. Comptez de 61 à 1.000.000.000. Écrivez en toutes lettres. *[Section 4]*

1. 3.654 _____

2. 305 _____

3. 99 _____

4. 71.832 _____

5. 116.915 _____

6. 884 _____

7. 78 _____

8. 1.861 _____

G. Le calendrier. Écrivez: *[Section 5]*

1. les jours de la semaine _____

_____

_____

2. les mois de l'année _____

_____

_____

_____

3. la date d'aujourd'hui *(forme abrégée)* _____

(en toutes lettres) _____

H. *Lundi* ou *le lundi*. Écrivez dans les tirets **lundi** ou **le lundi, mardi** ou **le mardi,** etc. *[Section 5]*

1. Aujourd'hui, c'est _____.

2. Le week-end est _____ et _____.

3. Demain, c'est _____.

4. Le premier jour de classe est _____.

5. Un étudiant est généralement présent _____, _____,

_____, _____ et _____.

I. Résumé. Voilà la réponse. Écrivez la question.

1. Aujourd'hui, c'est le 3 novembre.

_____?

2. C'est le 4 juillet.

_____?

3. C'est un cahier.

_____?

Deuxième Leçon

Exercices de laboratoire

Beginning with this lesson, each exercise on the tape will be introduced by a short direction and an example. Read the explanatory material in your lab manual for review or to make up work you missed in class. For best results, do *not* refer to the manual while you are doing the exercise *orally*. If, however, you have difficulty doing an exercise, stop the tape and reread the directions in the manual.

In the introduction to the lab manual, you will find detailed suggestions for doing the exercises orally and in writing.

A. (oral)   Prononciation: [ɔ̃].   Listen to these words: **non, pardon, onze.** Now repeat the nasal vowel: [ɔ̃]. Now repeat these words:

le crayon	**le nom**	**la leçon**
la décision	**le prénom**	**ce sont**

B. (oral)   Prononciation: [ã] et [ɔ̃].   Repeat the vowels you hear. Be careful to distinguish between [ã] and [ɔ̃].

[ã]	[ɔ̃]	[ã] [ɔ̃]	[ã] [ɔ̃]

Now repeat these words and phrases.

le pantalon   **Bonjour, André.**

C. (oral)   Prononciation et orthographe.   Some words contain the letters *n* or *m* but have no nasal vowels. Repeat each word you hear.

ami	**numéro**	**ordinaire**
chemise	**Suzanne**	**dictionnaire**
samedi	**fenêtre**	**une**
homme		

D. (oral)   Prononciation: voyelles françaises / voyelles anglaises.   Listen to the vowel diphthong *-ay* in this English sentence:

Today is the day to say, "I will not delay."

Diphthongs do not exist in French. Compare the French vowel [e] in this sentence:

La réalité de la vérité de la médiocrité est une fatalité.

Repeat the following words.

et	la clé	le chemisier
les	le pied	le calendrier
premier	la majorité	préféré

E. (oral)   Prononciation et orthographe: la semi-voyelle [j].   The semi-vowel in French is similar to the sound [j] in the English word "yes." Repeat the words you hear.

Let's begin:

une fille	une oreille
une famille	un portefeuille

F. (oral)   Prononciation: les jours et les mois.   Practice the pronunciation of the days of the week.

lundi	jeudi	samedi
mardi	vendredi	dimanche
mercredi		

Now, the months of the year.

janvier	avril	juillet	octobre
février	mai	août	novembre
mars	juin	septembre	décembre

G. (oral-écrit)   Grammaire.

Part One

You will hear the name of an object, either generic, such as **stylo,** or specific, such as **stylo de Suzanne.** Make a complete sentence beginning with either the expression **C'est un** or the expression **C'est le.** After saying the response, write **C'est un** or **C'est le** on the lines provided.

▣ sac   *C'est un*   sac.
   sac de Marie   *C'est le*   sac de Marie.

1. _____ livre.

2. _____ livre de Suzanne.

3. _____ stylo.

4. _____ stylo de Georges.

5. _____ peigne.

6. _____ peigne de Jacques.

Part Two

This time, add either **C'est une** or **C'est la** to make a complete sentence. Write **C'est une** or **C'est la** on the lines provided.

   ▉ jupe   _C'est une_   jupe.
       jupe de Diane   _C'est la_   jupe de Diane.

7. _____ chemise.

8. _____ chemise de Robert.

9. _____ clé.

10. _____ clé de la porte.

11. _____ décision.

12. _____ décision de Paulette.

Part Three

This time you will hear noun phrases beginning with a vowel sound. Again make a complete sentence, this time using either the indefinite article **un** or **une** or the definite article **l'**. Write **C'est un, c'est une,** or **c'est l'** on the lines provided.

   ▉ auto   _C'est une_   auto.
       auto de Suzanne   _C'est l'_   auto de Suzanne.

13. _____ auto.

14. _____ auto de Georges.

15. _____ étudiante.

16. _____ étudiante de Monsieur Moray.

17. _____ anniversaire.

18. _____ anniversaire de Jacqueline.

19. _____ autre livre.

20. _____ autre livre de Jacques.

H. (oral) L'article défini pluriel. You will hear a singular noun. Change the noun to the plural.

   ▉ le livre   _les livres_

   (Items 1–6)

I. (oral) L'article indéfini pluriel. Make the following sentences plural by changing the articles **un** or **une** to **des.**

   ▉ Voilà un étudiant.   _Voilà des étudiants._

   (Items 1–5)

J. (oral)   Identification précise.   Listen to these phrases expressing precise identification with **de: la clé de la porte, la clé de l'auto, la clé du bureau.** Combine the elements you hear to form a new sentence.

▯ Voilà la décision / peuple   *Voilà la décision du peuple.*

(Items 1–6)

K. (oral-écrit)   L'addition.   You will hear a series of addition problems. Give the correct answers. Write your answers on the lines provided.

▯ Soixante plus vingt font ("equal") ...   *quatre-vingts*

1. Qunize plus trente font ...   _____.

2. Cinquante plus vingt-cinq font ...   _____.

3. Neuf plus quarante-quatre font ...   _____.

4. Soixante-dix plus vingt-cinq font ... _____.

5. Cinquante plus trente et un font ...   _____.

L. (oral-écrit)   La date.   Answer each question by giving the correct date in French. Write your answers on the lines provided.

▯ Quelle est la date de Noël?
  C'est le vingt-cinq décembre.

1. Quelle est la date de la fête nationale américaine?

_____

2. Quelle est la date de la fête nationale française?

_____

3. Quelle est la date du premier jour de l'année?

_____

4. Quelle est la date de Halloween?

_____

5. Quelle est la date du deuxième jour de mai?

_____

L'Importance de la date, *Découverte et Création*, page 35.

Now you may listen to the *Lecture* of the second lesson of your textbook. It is recorded on a separate tape of selections from the text. You should listen to it several times. First, listen only for comprehension without looking at the printed text. When you have listened to it enough to understand it perfectly, then open your textbook and listen to the *Lecture* once again while you are simultaneously reading the printed text.

Remember that after you are able to understand the *Lecture* by listening only, you should go back and listen to it again while looking at the text with the specific purpose of making yourself aware of how the particular spelling of the written word corresponds to a particular pronunciation. Above all, don't be tricked by your eyes, which are accustomed to reading English. On the contrary, watch carefully for French spelling that produces a pronunciation that strikes you as being very different from English. Some laboratory lessons—in addition to your text and your teacher—will give you pointers on spelling and pronunciation.

Échanges, *Découverte et Création*, page 36.

Troisième Leçon
Exercices écrits

A. Récapitulation. Remplacez les tirets par **Qui est-ce, Qu'est-ce que c'est, un, une, le, la, l', de, d', du, de la** ou **de l'**.

—_____?

—C'est Mademoiselle Leblanc.

—Est-ce le professeur _____ classe _____ anglais?

—Mais non! C'est _____ professeur _____ classe

_____ français. C'est _____ professeur extraordinaire.

—_____?

—C'est _____ chaise. C'est _____ chaise _____

professeur. Et voilà _____ autre chaise. C'est _____ chaise

_____ assistant _____ professeur.

B. Récapitulation. Remplacez les tirets par les dates, les jours et les mois appropriés. Écrivez les numéros en toutes lettres.

Petite leçon d'histoire

1. La création de l'univers: lundi, _____, _____, jeudi,

   _____ et _____.

   (Jour de repos: _____)

2. La découverte de l'Amérique: mille quatre cent _____.

3. L'anniversaire de l'indépendance des U.S.A.: le _____.

4. La prise de la Bastille: le 14 _____, mille _____.

5. La bataille de Waterloo: mille _____ quinze.

6. Aujourd'hui: le _____, mille neuf cent _____.

7. L'invasion de Mars (date future ... imaginez): le _____.

C. Les pronoms *il(-s), elle(-s).*   Remplacez les tirets par **il, elle, ils** ou **elles**. *[Section 1]*

◼ Voilà Jacques et Jill. ___*Ils*___ sont en forme.

1. Voilà Melissa. _____ est américaine.

2. Voilà les livres de James Joyce. _____ sont complexes.

3. Voilà un acteur. _____ est arrogant.

4. Voilà des femmes. _____ sont préoccupées.

5. Voilà Roméo et Juliette. _____ sont ensemble.

6. Voilà une explication. _____ est très claire.

D. L'accord des adjecifs.   Inventez la fin des phrases suivantes. Utilisez la forme correcte d'un adjectif approprié. *[Section 2]*

◼ La musique de Beethoven est ___*splendide*___ .

1. Le professeur de français est _____ .

2. Le livre de français est _____ .

3. Le président des U.S.A. est _____ .

4. Yves Saint-Laurent est _____ .

5. Marie-Antoinette est _____ .

6. Les étudiants de français sont _____ .

7. Les Volkswagen et les BMW sont _____ .

8. La philosophie de Platon est _____ .

E. L'accord des adjectifs.   Commencez les phrases suivantes. Attention à l'accord des adjectifs. *[Section 2]*

◼ ___*La Ferrari et la Fiat*___ sont italiennes.   ou
___*Bianca et Francesca*___ sont italiennes.

1. _____ est actif.

2. _____ sont sérieux.

3. _____ est chinoise.

4. _____ sont fermées.

5. _____ est ouvert.

6. _____ sont difficiles.

7. _____ est originale.

8. _____ sont mexicaines.

9. _____ est petit.

10. _____ sont intéressants.

F. C'est et il est/elle est. Remplacez les tirets par **il, elle, ils, elles, ce** ou **c'**. *[Section 2]*

_____ est un restaurant international. _____ est sur le campus. Les étudiants sont

assis; _____ sont très heureux. Qu'est-ce que c'est? _____ est McDonald's.

G. Le verbe *être*. Écrivez les phrases suivantes avec la forme correcte du verbe **être**. *[Section 4]*

1. Marie _____ sympathique; Paul _____ aussi sympathique.

2. Marie et Paul _____ sympathiques.

3. Nous _____ dans un restaurant chinois.

4. Les autos italiennes _____ sportives.

5. Je _____ un étudiant américain.

6. Vous _____ un excellent professeur.

H. La négation. Écrivez la négation des phrases suivantes. *[Section 5]*

☐ Paul est grand.
Paul n'est pas grand.

1. Les étudiants sont stupides.

_____

2. Hildegunde est américaine.

_____

3. L'ami de Christine est sympathique.

_____

4. Nous sommes en forme.

_____

5. Je suis parfaite.

_____

I.   La question.   Formez des questions 1) avec **est-ce que** et 2) avec l'inversion. *[Section 5]*

◧ Ils sont végétariens?
Est-ce qu'ils sont végétariens?
Sont-ils végétariens?

1. Vous êtes fatigués.

_____

_____

2. Charles est sportif.

_____

_____

3. Les tableaux sont grands.

_____

_____

4. Tu es avec Jean et Christine.

_____

_____

5. Nous sommes importants.

_____

_____

6. C'est un exercice facile.

_____

_____

J.   *Vous* et *tu*.   Écrivez une question pour les personnes suivantes. Employez **vous** ou **tu** selon le cas.
[Sections 4, 5]

◧ un camarade de classe
Es-tu content, Bill?

1. votre professeur de français

_____

2. une amie

_____

3. le Président des U.S.A.

_____

4. un petit garçon

_____

5. des camarades de classe

_____

K.   Composition dirigée: Interview.   Vous êtes avec l'architecte d'un bâtiment bizarre. Inventez cinq questions et cinq réponses.

■ *—Qu'est-ce que c'est? Un musée?*   *—Non, c'est une université.*

_____

_____

_____

_____

_____

_____

_____

_____

_____

_____

_____

_____

_____

Troisième Leçon

Exercices de laboratoire

A. (oral) Les pronoms *il* et *elle*, *ils* et *elles*. You will hear a sentence beginning with a noun or a proper noun. Repeat the sentence, replacing the noun or proper noun with the appropriate pronoun.

◼ La porte est ouverte.
Elle est ouverte.

(Items 1–5)

B. (oral-écrit) L'adjectif. You will hear a series of sentences, each beginning with **Il est** or **Ils sont.** Change each sentence to the corresponding feminine form. After responding orally, write the feminine adjectives on the lines provided.

◼ Il est heureux.
Elle est heureuse.

Note that when the masculine singular adjective ends in the letter -*e*, there is no change for the feminine form of the adjective.

1. Elle est _____ .

2. Elles sont _____ .

3. Elle est _____ .

4. Elle est _____ .

5. Elles sont _____ .

6. Elle est _____ .

C. (oral) Le pluriel de l'adjectif. Now change each singular sentence to a plural one.

◼ Il est fort.
Ils sont forts.

(Items 1–5)

D. (oral-écrit)   Le pluriel des noms et des adjectifs en -al.   You will hear sentences with a singular noun or adjective ending in the sound -al. Change each sentence to the plural.

▯ Il est libéral.
Ils sont libéraux.

1. Les _____ sont ouverts.

2. Les _____ sont intéressants.

3. Ils sont _____ .

4. Elles sont _____ .

5. Ils sont _____ .

6. Elles sont _____ .

E. (oral)   *C'est, il est, elle est.*   You will hear a noun or an adjective. Make a complete sentence by using **C'est** before a noun and **Il est** or **Elle est** before an adjective.

▯ un garçon
C'est un garçon.

active
Elle est active.

(Items 1–6)

F. (oral)   *Ce sont, ils sont, elles sont.*   You will hear a plural noun, an adjective, an adverb, or a prepositional phrase. Make a complete sentence by using **Ce sont** before a noun, and **Ils sont** or **Elles sont** before an adjective, adverb, or prepositional phrase.

▯ les tableaux du musée
Ce sont les tableaux du musée.

petites
Elles sont petites.

(Items 1–4)

G. (oral-écrit)   Question-réponse avec le verbe *être*.   You will now hear a series of questions. Answer each question in the affirmative, using the appropriate form of the verb **être**.

▯ Sont-ils intelligents?
Oui, ils sont intelligents.

Est-ce que je suis grande?
Oui, vous êtes grande.

1. Oui, _____ raisonnables.

2. Oui, _____ généreux.

3. Oui, _____ fatigués.

4. Oui, _____ sympathique.

5. Oui, _____ intéressante.

H. (oral) Les questions. You will hear a declarative sentence. Add the phrase **Est-ce que** to the beginning of the sentence in order to ask a question in the conversational style.

◼ C'est un grand bureau.
Est-ce que c'est un grand bureau?

(Items 1–5)

I. (oral-écrit) Les questions. You will hear a sentence with a pronoun subject. Ask a question by inverting the pronoun subject and the verb.

◼ Il est furieux.
Est-il furieux?

1. _____ raisonnable?

2. _____ heureux?

3. _____ choquante?

4. _____ sympathique?

5. _____ intuitifs?

6. _____ une allergie?

J. (oral-écrit) Les questions. You will hear a sentence with a noun subject. Ask a question with inversion by adding the correct pronoun after the verb.

◼ Pierre est dans la classe.
Pierre est-il dans la classe?

Marie est intelligente.
Marie est-elle intelligente?

1. _____ petite?

2. _____ absent?

3. _____ assises?

4. _____ grands?

5. _____ ennuyeuses?

K. (oral-écrit) La négation.   You will hear a series of affirmative sentences. Change each one to the negative by placing the word **ne** or **n'** before the verb and **pas** after the verb.

■ Le professeur est sarcastique.
Le professeur n'est pas sarcastique.

1. _____ malade.

2. _____ furieux.

3. _____ choquée.

4. _____ espagnols.

5. _____ un musée.

6. _____ difficiles.

L. Compréhension orale.   Circle the words you hear in the sentences.

1. oral   oraux

2. il est   elle est

3. absent   absente

4. actif   active

5. nerveux   nerveuses

6. italien   italienne

M. (oral) Prononciation: *e muet*.   The vowel *e muet*, called mute *e* in English, is always the last letter of its syllable.

Listen to these words:

chemise   **semaine**   **premier**

Repeat the vowel: [ə].
Now repeat the words you hear:

chemise   **semaine**   **premier**   **fenêtre**

At the end of a word, the *e muet* is usually silent, except in one-syllable words. Listen and repeat:

de   **je**   **le**

Here is the French word for "Saturday" as you would hear it if it were pronounced in syllables: **sa-me-di.** However, the vowel *e muet* is usually silent when it is the second vowel of a word and is preceded by a single consonant sound. Listen to this word as it is pronounced in conversation: **samedi.** Repeat it: **samedi.**

Now you will hear two words in which the *e muet* is preceded by two consonant sounds, and is pronounced: **mercredi, vendredi.** Repeat the words: **mercredi, vendredi.**

N. (oral)   Prononciation: *e ouvert.*   Listen to the vowel in the first syllable of this word: **mercredi.**
Now pronounce the syllables and the word: **mer-cre-di, mercredi.**

La Pyramide du Louvre, *Découverte et Création,* page 61.

Now you may listen to the *Lecture* found in the third lesson of your textbook. Observe the same
recommendations as given in the preceding lesson. Listen to the *Lecture* without looking at the text until
you understand it perfectly; then go back and listen to the text while you read it, watching very carefully
the correspondence between punctuation and spelling.

Échanges, *Découverte et Création,* page 62.

Quatrième Leçon
Exercices écrits

A. Récapitulation. Remplacez les tirets par un adjectif approprié, un pronom approprié ou la forme correcte du verbe **être**.

—Sylvie, voilà Mimi et Maurice. Ils _____ très bizarres aujourd'hui.

—D'accord. La chemise de Maurice est _____. Et le chapeau de Mimi est

_____.

—Oh! là là! Et la cravate de Mimi est _____! Mais pourquoi Maurice et Mimi

_____ - _____ grotesques aujourd'hui?

—Mais quelle _____ la date? C'_____ le 31 octobre!

   C' _____ Halloween et ce _____ des costumes.

—Comme je _____ idiot! Mais pourquoi est-ce que nous ne _____

   pas aussi en costume?

B. L'adjectif *quel*. Remplacez les tirets par **quel, quelle, quels** ou **quelles**. *[Section 1]*

1. _____ est la date de l'anniversaire de Napoléon?

2. _____ sont les activités préférées des étudiants?

3. _____ est votre numéro de téléphone?

4. _____ sont les jours de la semaine?

5. _____ histoire!

6. _____ grand garçon!

7. _____ robes élégantes!

8. _____ étudiants intelligents!

C. Les prépositions. Répondez aux questions suivantes. Employez une des prépositions indiquées entre parenthèses. *[Section 2]*

▌ Où êtes-vous?   (entre, sur, devant)
Je suis sur une chaise.

1. Où est la bibliothèque?   (au fond de, dans, à côté de, sous, entre)

_____

2. Où est le campus?   (près de, entre, à côté de)

_____

3. Où est le professeur dans la classe généralement?   (derrière, en face de)

_____

4. Où est le restaurant de l'université?   (à côté de, en face de, entre)

_____

5. Où êtes-vous généralement dans la classe de français?   (par terre, devant, en face de, à côté de, entre)

_____

D. À + article défini. Remplacez les tirets par **à la, à l', au** ou **aux**. *[Section 2]*

1. Je suis _____ maison parce que je suis malade. Je ne suis pas _____ bureau!

2. Où est Sylvie? Elle est _____ université.

3. Mes parents sont _____ opéra maintenant.

4. Le docteur Frankenstein est _____ cafétéria.

5. Les gens ne sont pas élégants _____ matchs de hockey, mais ils sont enthousiastes.

6. Michel est toujours _____ téléphone!

7. Les programmes _____ télévision ne sont pas toujours intéressants.

8. Le premier ministre du Canada est _____ États-Unis aujourd'hui.

E. *Il y a.* Remplacez les tirets par **c'est, il est, elle est, ce sont, ils sont, elles sont** ou **il y a**. *[Section 3, révision]*

1. Au bord de l'océan, _____ un petit village.

2. _____ l'amie de Charles. _____ très conservatrice.

3. Dans le portefeuille de Maurice _____ cent dollars.

4. Qui est-ce? _____ des étudiantes. _____ américaines.

5. _____ une télé dans la Rolls-Royce. _____ une auto formidable.

6. Devant la télé _____ des enfants. _____ fatigués.

7. Qui est-ce? _____ le professeur. _____ furieux parce

qu'aujourd'hui _____ vendredi et les étudiants sont absents!

8. Dans *Découverte et Création* _____ des exercices faciles et

_____ des exercices difficiles.

F. Les verbes réguliers en -er. Complétez les phrases avec la forme correcte du verbe entre
parenthèses. *[Section 4]*

1. (travailler)   Vous _____ dans un restaurant?

2. (parler)   Si on est mexicain, on _____ espagnol.

3. (étudier)   Mathias _____ la physique et la chimie.

4. (aimer)   _____ -nous les exercices écrits?

5. (écouter)   Anne _____ des disques de Bernstein.

6. (poser)   Nous _____ des questions au professeur.

7. (ne pas aimer)   Sylvain _____ les hypocrites.

8. (ne pas détester)   Je _____ les films français.

9. (ne pas danser)   Pourquoi est-ce que Claude et Cécile _____?

10. (ne pas étudier)   Je _____ l'archéologie.

11. (ne pas écouter)   Les enfants _____ les parents.

G. Les verbes réguliers en -er. Utilisez la forme correcte d'un verbe correct. Voilà les verbes
possibles: **aimer, danser, détester, donner, écouter, étudier, parler, regarder.** *[Section 4]*

1. Fred Astaire _____ avec Ginger Rogers.

2. _____ -tu italien?

3. Roméo _____ Juliette.

4. Les chiens _____ les bains.

5. Vous _____ une robe à Suzanne?

6. Dans une classe d'histoire les étudiants _____ l'histoire.

7. Est-ce que les agents du FBI _____ les conversations téléphoniques du professeur
de français?

8. Je _____ la télé le dimanche soir.

H. Questions et réponses avec les verbes en *-er*. Employez les éléments donnés et inventez une question. Écrivez la question et la réponse. *[Section 4]*

> ▉ écouter les cassettes / Merle Haggard
> *Écoutez-vous les cassettes de Merle Haggard?*
> *Non, je n'écoute pas de cassettes de Merle Haggard.*

1. indiquer / la réponse correcte

   _____

   _____

2. parler / anglais

   _____

   _____

3. aimer / la classe de français

   _____

   _____

4. détester / les sports

   _____

   _____

5. adorer / la pyramide du Louvre

   _____

   _____

6. regarder / la télé

   _____

   _____

7. écouter / la question

   _____

   _____

8. étudier / l'histoire

   _____

   _____

9. danser / sur / la table

   _____

   _____

10. admirer / le Président

_____

_____

11. partager / un sandwich / avec un ami

_____

_____

12. porter / un maillot de corps

_____

_____

I. L'heure.   Répondez. *[Section 5]*

1. De quelle heure à quelle heure étudiez-vous le samedi?

_____

2. De quelle heure à quelle heure déjeunez-vous?

_____

3. À quelle heure arrivez-vous généralement à un cocktail (une réception)?

_____

4. De quelle heure à quelle heure êtes-vous au restaurant?

_____

5. Êtes-vous généralement en retard, en avance ou à l'heure au cours de français?

_____

6. Est-ce qu'une personne parfaite arrive à une soirée en avance, à l'heure ou en retard?

_____

7. À quelle heure est-ce qu'une personne prudente n'est pas dans un parc?

_____

8. À quelle heure est-ce que les cours commencent généralement?

_____

9. À quelle heure est-ce que les boutiques de la ville sont fermées?

_____

10. De quelle heure à quelle heure est-ce que la bibliothèque de l'université est généralement ouverte?

_____

J. L'emploi du temps. Expliquez l'emploi du temps *(schedule)* de François Lebrun. Utilisez **à** + article défini. *[Sections 4, 5]*

> ■ 9h / travailler / bibliothèque
> *À neuf heures, il travaille à la bibliothèque.*

1. 10h / poser des questions / professeur

   _____

2. midi / déjeuner / restaurant universitaire

   _____

3. 2h / étudier / bibliothèque

   _____

4. 4h / parler / amis

   _____

5. 5h / regarder la télé / maison

   _____

6. 11h / être / lit

   _____

K. Composition dirigée: L'emploi du temps personnel. Expliquez votre emploi du temps le lundi. Écrivez cinq phrases et utilisez des prépositions de lieu, l'expression **il y a** et des verbes en **-er.**

_____

_____

_____

_____

_____

_____

_____

Quatrième Leçon
Exercices de laboratoire

A. (oral) L'adjectif *quel*.   You will hear a series of statements. Change each statement to an exclamation of surprise by using the adjective **quel.**

> ▯ Voilà des maisons.
> *Quelles maisons!*

(Items 1–5)

B. (oral) Les prépositions.   You will hear two nouns and then a preposition. Make a sentence out of these three elements.

> ▯ le professeur / la classe / devant
> *Le professeur est devant la classe.*

(Items 1–5)

C. (oral) Les prépositions *à côté de* et *en face de*.   You will hear two nouns followed by the preposition **à côté de** or **en face de.** Combine the elements into a sentence, making sure to use the appropriate form of the word **de** plus a definite article.

> ▯ François / le mur / à côté de
> *François est à côté du mur.*

(Items 1–6)

D. (oral-écrit) Les prépositions.   You will hear two nouns followed by a preposition. Make a sentence that describes the location of the first noun in relation to the second one.

> ▯ le parc / la ville / près de
> *Le parc est près de la ville.*

1. Le bâtiment est _____ campus.

2. Les étudiants sont _____ table.

3. Les arbres sont _____ rue.

4. Le bar est _____ restaurant.

5. Marie est _____ Pierre.

E. (oral-écrit) *À, à la, à l', au, aux.* You will hear a series of places. Say that you are or are not at each of those places now, using the correct form of à plus the definite article.

> ◼ la bibliothèque
> *Je ne suis pas à la bibliothèque.*

1. Je suis _____ .

2. Je suis _____ .

3. Je ne suis pas _____ .

4. Je ne suis pas _____ .

5. Je ne suis pas _____ .

6. Je ne suis pas _____ .

F. (oral) *Il y a.* You will hear questions beginning with the expressions **Y a-t-il?** or **Est-ce qu'il y a?** Answer each question affirmatively, beginning with **Oui, il y a.**

> ◼ Y a-t-il un livre sur la chaise?
> *Oui, il y a un livre sur la chaise.*
>
> Y a-t-il des livres sur la chaise?
> *Oui, il y a des livres sur la chaise.*

(Items 1–5)

G. (oral-écrit) *Négation de il y a.* You will hear questions beginning with **Y a-t-il?** or **Est-ce qu'il y a?** Answer each question in the negative, using the expression **Non, il n'y a pas de.**

> ◼ Y a-t-il un médecin dans la classe?
> *Non, il n'y a pas de médecin dans la classe.*

1. Non, _____ sur la table.

2. Non, _____ dans le laboratoire.

3. Non, _____ au fond de la salle.

4. Non, _____ sous le tapis.

5. Non, _____ aujourd'hui.

H. (oral) *Forme interrogative de il y a.* Change the statements you hear into questions, using the expression **Y a-t-il?**

> ◼ Il y a une ville au bord du lac.
> *Y a-t-il une ville au bord du lac?*

(Items 1–5)

I. (oral-écrit)   Les verbes en -er, comme *regarder*.   You will hear questions using **-er** verbs. Answer each question affirmatively.

◼ Dansez-vous bien?
Oui, je danse bien.

1. Oui, _____ la télé.

2. Oui, _____ New York.

3. Oui, _____ les hypocrites.

4. Oui, _____ français.

5. Oui, _____ le professeur.

6. Oui, _____ le français.

7. Oui, _____ le week-end.

J. (oral-écrit)   La négation.   You will hear questions using **-er** verbs. Answer them in the negative.

◼ Dînez-vous maintenant?
Non, je ne dîne pas maintenant.

1. Non, _____ portugais.

2. Non, _____ la musique dissonante.

3. Non, _____ en classe.

4. Non, _____ les disques.

5. Non, _____ les questions banales.

6. Non, _____ de médicament à Gilles.

7. Non, _____ de questions idiotes.

K. (oral-écrit)   Forme interrogative.   The following sentences are all answers to questions. Supply the appropriate questions, using the inversion form.

◼ Oui, je parle espagnol.
Parlez-vous espagnol?

1. _____ l'histoire américaine?

2. _____ la télé?

3. _____ les disques de rock?

4. _____ un bureau pour le professeur?

5. _____ à l'heure?

L. (oral) Quelle heure est-il?   Repeat these expressions of time.

midi	**moins le quart**	**et demie**
et quart	**minuit**	

Now answer the question **Quelle heure est-il?** with the time shown on each of the clocks.

1. Quelle heure est-il?   2. Quelle heure est-il?   3. Quelle heure est-il?

  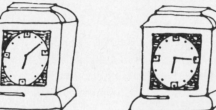

4. Quelle heure est-il?   5. Quelle heure est-il?   6. Quelle heure est-il?

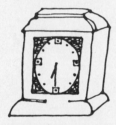  

7. Quelle heure est-il?   8. Quelle heure est-il?   9. Quelle heure est-il?

M. (oral-écrit) À quelle heure ... ?   You will hear questions asking when various events take place, and then you will hear two possible answers. Choose the logical time, and answer in a complete sentence.

> ▮ À quelle heure les boutiques sont-elles ouvertes? minuit? neuf heures?
> *Elles sont ouvertes à neuf heures.*

1. Elles sont fermées _____.

2. Il est _____.

3. Il est _____.

4. Il est _____.

5. Ils sont _____.

N. Compréhension orale. Circle the words you hear in the following sentences.

1. quel idiot   quels idiots
2. derrière   dernière
3. sur la table   sous la table
4. il n'y a pas de photo   il n'y a pas deux photos
5. regarde-t-il   regardes-tu
6. deux heures   douze heures
7. et demi   à midi
8. quart   quatre
9. au lit   olé

DICTÉE

Starting with Lesson 4, each of the lessons in this manual will include a **dictée,** or dictation. These dictations are designed to see how well you can understand and write in French. Each **dictée** will be read three times. The first time, you will listen to the entire text; the second time, the text will be paused so you will have time to write what you have heard; and the third time, the entire text will be read again so you can check and complete your work. Note the following punctuation marks: **point** is "period," **virgule** is "comma," **point d'interrogation** is "question mark."

First listen.
Now, during each pause, write what you have heard.

La classe de français

_____ la classe de français, _____ murs, deux fenêtres et une

porte. _____ aussi _____ tableau et _____ le tableau _____

mots français. Aujourd'hui, _____ et_____

très heureux. Pourquoi? Parce que demain _____ .

Now, listen again and correct your spelling.
Now listen to the *Lecture* and *Échanges* for Lesson 4.

La vie universitaire, Découverte et Création, page 86.

Échanges, Découverte et Création, page 89.

Cinquième Leçon
Exercices écrits

A. Récapitulation. Écrivez la négation.

1. C'est un mur.

_____

2. Il y a des fauteuils dans la salle de classe.

_____

3. Vous rencontrez un ami dans la rue.

_____

4. Il y a une bibliothèque près des résidences universitaires.

_____

5. Ce sont des réponses ridicules.

_____

B. Récapitulation. Écrivez les mots en italique au pluriel dans les phrases suivantes. Attention à tous les changements nécessaires.

▌ La *fenêtre* est ouverte.
Les fenêtres sont ouvertes.

1. Le *chien* de Thomas est énorme.

_____

2. L'*ami* de Renée parle à l'*amie* de Valérie.

_____

3. Le *chef* travaille dans la cuisine.

_____

4. Près de l'hôpital il y a un *cinéma*.

_____

5. L'*étudiant* en médecine étudie à la bibliothèque à une heure de l'après-midi.

_____

_____

C. Le verbe *avoir*. Inventez une phrase. Utilisez les éléments donnés et une forme du verbe **avoir.**
[Section 1]

▪ Je / ami
J'ai un ami.

1. Le président / amis

_____

2. Nous / magnétophone

_____

3. Le musée / tableaux

_____

4. Tu / chat

_____

5. Vous / ne / pas / répondeur

_____

6. Je / ne / pas / radio

_____

7. Tout le monde / bouche

_____

8. Sylvie / chien

_____

D. *Avoir* ou *être*. Remplacez les tirets par la forme correcte du verbe **avoir** ou **être.** *[Section 1]*

▪ Je ne ___*suis*___ pas riche.

1. Ils _____ un père.

2. Tu n'_____ pas d'animal.

3. Nous _____ contents.

4. Vous _____ un appartement chic.

5. Elle _____ des problèmes intéressants.

E. La possession. Donnez l'adjectif possessif. *[Section 2]*

▉ Je m'appelle Melinda McCarry. McCarry est ___*mon*___ nom de famille.

1. Tu n'es pas très brillant en sciences et _____ situation dans _____ classe de biologie est très difficile.

2. Marguerite aime les chiens. _____ chiens préférés sont les setters.

3. Vous êtes probablement grand parce que _____ parents sont grands.

4. Félix et moi, nous aimons les animaux. _____ animal préféré est l'éléphant.

5. Vous êtes content parce que _____ ami est ici.

6. Janine et Nathalie sont choquantes. _____ jupes sont très courtes!

F. La parenté. Protestez et corrigez les erreurs dans les phrases suivantes. Il y a quelquefois de différentes possibilités. Attention à l'exemple! *[Section 3]*

▉ Est-ce que le frère de ma mère est mon frère?
Mais non, le frère de votre mère est votre oncle.

1. Est-ce que l'oncle de ma sœur est mon père? _____

_____

2. Est-ce que la femme de mon oncle est ma mère? _____

_____

3. Est-ce que la mère de mon père est ma fille? _____

_____

4. Est-ce que le fils de ma tante est mon petit-fils? _____

_____

5. Est-ce que le père de ma sœur est mon frère? _____

_____

6. Est-ce que la mère de mon mari est ma grand-mère? _____

_____

7. Est-ce que les enfants de mon frère sont mes frères et mes sœurs? _____

_____

8. Est-ce que les grands-parents de ma sœur sont mes parents? _____

_____

9. Est-ce que la femme de mon mari est ma nièce? _____

_____

10. Est-ce que le fils de ma grand-mère est mon frère? _____

_____

G. Les couleurs. De quelle couleur sont les choses suivantes? *[Section 4]*

◼ un éléphant   *Il est gris.*

1. une bouche _____

2. le ciel _____

3. votre chambre à coucher _____

4. un chat siamois _____

5. la nuit _____

6. le cahier d'exercices _____

7. la jalousie (*jealousy*) _____

8. les murs de la salle de classe _____

9. les lumières de la salle de classe _____

10. vos chaussures _____

H. La place de l'adjectif. Placez l'adjectif correctement dans la phrase. Attention à sa forme!
[Section 5]

◼ une actrice (joli, contemporain)   *une jolie actrice contemporaine*

1. un homme (autre, âgé) _____

2. une banlieue (joli, petit) _____

3. ma tante (jeune, sympathique) _____

4. des immeubles (grand, unique) _____

5. des yeux (bleu, énorme) _____

I. Les adjectifs. Placez les adjectifs dans les phrases. Attention à leur forme et à leur place.
[Sections 4, 5, 6]

◼ (grand, brun) Alice est une jeune fille.
  Alice est une grande jeune fille brune.

1. (petit, sympathique)   Scott est un jeune homme.

_____

2. (bon, vietnamien)   C'est un restaurant.

_____

3. (noir, petit)   C'est un chien.

_____

4. (beau, jaune)   Voilà l'auto de Robert.

_____

5. (beige, beau)   Ce sont des pantalons.

_____

6. (vieux, sympathique)   Ce sont des femmes.

_____

7. (beau, clair)   C'est un appartement.

_____

8. (chic, marron)   Ce sont des chapeaux.

_____

9. (tout, difficile)   Voilà les exercices.

_____

10. (blanc, nouveau)   C'est un uniforme.

_____

J.   Les adjectifs.   Remplacez le tiret par la forme correcte d'un adjectif de votre choix. (Attention à la place des adjectifs.) *[Sections 4, 5, 6]*

▉ C'est un _petit_ livre _intéressant_ .

1. Nous avons une _____ classe.

2. Tu as une auto _____ .

3. Voilà des maisons _____ .

4. Je suis un(e) _____ étudiant(e) _____ .

5. Ce sont de _____ journaux _____ .

6. Vous avez des parents _____ .

7. Sur le campus il y a de _____ bâtiments _____ .

8. J'ai de _____ amis _____ .

9. C'est un _____ exercice _____ .

10. Je désire un _____ dîner _____ .

K.   Les adjectifs démonstratifs.   Remplacez les tirets par **ce, cet, cette** ou **ces.** *[Section 7]*

1. Dans la classe de biologie, je suis généralement à côté de _____ jeune homme.

2. _____ jeunes gens sont très occupés. _____ jeunes filles sont aussi très occupées.

3. _____ objet, c'est un téléphone.

4. J'aime beaucoup _____ photo, mais _____ tableau n'est pas formidable.

L.   Composition dirigée.   Vous téléphonez au propriétaire qui a un appartement. Vous posez cinq questions. Écrivez vos questions et ses réponses. Employez le verbe **avoir,** les adjectifs possessifs, l'expression **il y a** et le vocabulaire de la lecture.

■ —*Avez-vous quatre pièces dans votre appartement?*
—*Non, il y a trois pièces, mais ce sont de grandes pièces claires et modernes.*

_____

_____

_____

_____

_____

_____

_____

_____

_____

_____

_____

_____

_____

_____

| **R. DU MONTPARNASSE** beau 2 p., placards, bel imm. ancien, avec balcon et terrasse. Soleil. W.-c. séparé, cuisine équipée. 3.680F charges compris | **PLAISANCE.** 3 p., 68 m2, 7e ét. tout confort, entrée, cuisine équipée, bains, douche. Parking. Sécurité 24 h. sur 24. 12.000F. | **VUE SUR SEINE** Très beau studio, cuisine, bains, imm. récent. 3.275F + ch. 46-55-55-55. |

Cinquième Leçon
Exercices de laboratoire

A. (oral-écrit) **Le verbe** *avoir.* You will hear a series of questions. Answer in the affirmative.

◼ Avez-vous un journal?
Oui, j'ai un journal.

1. Oui, _____ un dictionnaire.

2. Oui, _____ des vêtements.

3. Oui, _____ deux oreilles.

4. Oui, _____ des familles intéressantes.

5. Oui, _____ une classe de français.

6. Oui, _____ une jupe.

7. Oui, _____ beaucoup de travail.

B. (oral-écrit) **La négation du verbe** *avoir.* Answer the following questions in the negative. Remember that the indefinite articles **un, une,** and **des** become **de** in negative sentences.

◼ Avez-vous un examen aujourd'hui?
Non, je n'ai pas d'examen aujourd'hui.

1. Non, _____ parents en France.

2. Non, _____ sœur.

3. Non, _____ répondeur.

4. Non, _____ vélo.

5. Non, _____ frères.

C. (oral) **La négation du verbe** *avoir.* Answer the following questions in the negative.

◼ Avez-vous votre pull rouge?
Non, je n'ai pas mon pull rouge.

(Items 1–4)

D. (oral-écrit) Les adjectifs possessifs. You will hear a series of noun phrases. Say that the item mentioned belongs to you, using the possessive adjective **mon** or **ma.**

■ une classe
C'est ma classe.

Remember that the masculine form **mon** is used before a feminine noun phrase beginning with a vowel.

■ une automobile
C'est mon automobile.

une autre classe
C'est mon autre classe.

1. C'est _____

2. C'est _____

3. C'est _____

4. C'est _____

5. C'est _____

E. (oral-écrit) Les adjectifs possessifs. Answer each question affirmatively, using the appropriate possessive adjective.

■ Est-ce votre livre?
Oui, c'est mon livre.

1. Oui, c'est _____

2. Oui, c'est _____

3. Oui, c'est _____

4. Oui, ce sont _____

5. Oui, ce sont _____

6. Oui, ce sont _____

7. Oui, ce sont _____

8. Oui, c'est _____

F. (oral) La famille. You will now hear a series of expressions describing members of your family. Identify the member of the family to whom the expression refers.

■ le père de votre père
C'est mon grand-père.

(Items 1–10)

G. (oral) De quelle couleur ... ? You will hear a series of sentences in which colors are mentioned. Using the phrase **De quelle couleur ... ,** ask the question that would elicit each of these responses.

◼ Le pantalon est bleu.
De quelle couleur est le pantalon?

(Items 1–5)

H. (oral) La place de l'adjectif. You will hear an adjective followed by a sentence. Respond with a complete sentence, using the appropriate form of the adjective and placing it correctly, before or after the noun. Remember that **beau, long, vieux, nouveau,** and **mauvais** are placed before the noun, and other adjectives are placed after the noun.

◼ blanc / C'est une cravate.
C'est une cravate blanche.

vieux / C'est une cravate.
C'est une vieille cravate.

(Items 1–10)

I. (oral-écrit) Le féminin de l'adjectif. In each sentence you hear, change the masculine adjective to the feminine form.

◼ Il est grand.
Elle est grande.

1. Elle est _____ .
2. Elle est _____ .
3. Elle est _____ .
4. Elle est _____ .
5. Elle est _____ .

6. Elles sont _____ .
7. Elles sont _____ .
8. Elles sont _____ .
9. Elles sont _____ .
10. Elles sont _____ .

J. (oral-écrit) *Beau, vieux, nouveau.* You will hear the adjective **beau, nouveau,** or **vieux,** followed by a statement with a masculine noun. Insert the appropriate form of the adjective before the noun and give the complete sentence.

◼ nouveau / C'est un ami.
C'est un nouvel ami.

1. C'est un _____ hôpital.
2. C'est un _____ enfant.
3. C'est un _____ appartement.
4. C'est un _____ étudiant.
5. C'est un _____ homme.
6. C'est un _____ arbre.

K. (oral)   L'adjectif *tout*.   Restate each sentence you hear, using the correct form of the adjective **tout.**

▮ Les enfants aiment les cadeaux.
Tous les enfants aiment les cadeaux.

(Items 1–5)

L. (oral-écrit)   L'adjectif démonstratif *ce*.   Change the definite articles **le, la, l',** or **les** to the appropriate demonstrative adjective.

▮ Le livre est intéressant.
Ce livre est intéressant.

1. _____ est formidable.

2. _____ est beau.

3. _____ sont extraordinaires!

4. _____ est vieux.

5. _____ est chic.

M.   Compréhension orale.   Circle the words you hear in the following sentences.

1. ils sont   ils ont

2. je n'ai pas de frère   je n'ai pas deux frères

3. as-tu   es-tu

4. notre livre   un autre livre

5. son pantalon   cent pantalons

6. ce tableau   ces tableaux

DICTÉE: La famille de Catherine

La famille de _____ Catherine n'est pas _____ . Elle

_____ , _____ , mais elle

_____ . _____

enfants. À Noël, Catherine _____ famille sont toujours avec _____ à

Strasbourg. Quelle fête agréable!

Chez les Fournier, *Découverte et Création*, page 111.

Échanges, *Découverte et Création*, page 114.

Sixième Leçon

Exercices écrits

A. Récapitulation. Remplacez les tirets par la forme correcte d'un des verbes suivants: **aimer, dîner, discuter, écouter, être, étudier, passer, rencontrer.**

J'_____ beaucoup le samedi parce qu'il n'y a pas de classes. Généralement, je

_____ la journée avec mes amis. Nous n'_____ pas. Nous

_____ des disques, nous _____ d'autres gens ou nous

_____ de nos professeurs. Le soir, nous _____ ensemble dans un petit

restaurant. C'_____ toujours agréable!

B. Récapitulation. Remplacez les tirets par la forme correcte d'un nom, d'un verbe, d'un adjectif ou d'un adjectif possessif.

La famille Lebrun est très _____. Le _____, Monsieur Lebrun, et

_____ _____, Madame Lebrun, _____ cinq

enfants. _____ maison est _____. Tout le monde

_____ toujours ensemble autour de la table dans la salle à manger. Ce soir, Madame

Lebrun et _____ _____Éric préparent un dîner

_____. Madame Lebrun _____ un _____ livre de

cuisine et les deux _____ des chefs _____.

C. Aller, venir, dire, écrire, lire. Complétez les phrases suivantes avec une forme du verbe entre parenthèses. [Section 1]

1. (dire)   Pourquoi _____-vous que la vie est courte?

2. (venir)   _____-tu de Montréal?

3. (aller)   Où est-ce que nous _____ ce soir?

4. (écrire)   Tu _____ des compositions formidables.

5. (aller)   Mes parents _____ très bien.

6. (devenir)   À minuit les enfants _____ fatigués.

7. (lire)   Je _____ le journal chaque jour.

8. (décrire)   _____-vous le professeur ou votre père?

D. *Faire.* Posez la question appropriée avec le verbe **faire.** *[Section 2]*

▧ _Qu'est-ce que tu fais_ ? Je danse.

1. _____ ? Nous étudions le verbe **faire.**

2. _____ ? Tu parles.

3. _____ ? Ils écrivent des articles de journal.

4. _____ ? Vous lisez un livre.

5. _____ ? Elle prépare le dîner.

E. **Articles définis et prépositions avec les noms de villes et de pays.** Remplacez les tirets par **le, la, les, en, à, au, aux, de, d', du** ou **des.** *[Section 3]*

1. J'adore _____ France parce que mon cognac préféré vient _____ France.

2. _____ Russie est un grand pays. Les Américains ne vont pas souvent _____ U.R.S.S.

3. _____ Canada a deux langues officielles. On parle français _____ Montréal et on parle anglais _____ Vancouver.

4. Cet homme est très riche: il a des maisons _____ Acapulco, _____ Suisse, _____ Brésil et _____ Beverly Hills.

5. Quels sont les pays nordiques? _____ Norvège, _____ Danemark et _____ Suède.

6. Un de ces étudiants vient _____ Portugal, deux viennent _____ Espagne et trois viennent _____ Pays-Bas.

7. La mère de Sylvie voyage beaucoup. Elle est _____ États-Unis maintenant, et la semaine prochaine elle visite _____ Philippines.

F. **Noms de pays ou de villes.** Répondez aux questions suivantes. Dans votre réponse, employez le nom d'un pays ou d'une ville, avec la préposition appropriée. *[Section 3]*

▧ D'où viennent les tacos et les tamales?
Ils viennent du Mexique.

Où sont les grandes pyramides anciennes?
Elles sont en Égypte.

1. Où danse-t-on avec des castagnettes?

_____

_____

2. D'où viennent les Toyota et les Nissan?

_____

_____

3. Où habite Fidel Castro?

_____

_____

4. Où parle-t-on chinois?

_____

_____

5. Où parle-t-on français? (cinq pays, îles, états)

_____

_____

6. Où est-ce qu'on cultive des tulipes splendides?

_____

_____

7. Où fait-on beaucoup de macaroni?

_____

_____

8. D'où vient Christophe Colomb?

_____

_____

9. De quel pays vient Mikhail Gorbachev?

_____

_____

10. Où fait-on de bons chocolats?

_____

_____

G. La formation des adverbes. Formez l'adverbe qui correspond à ces adjectifs. *[Section 4]*

▮ malheureux
malheureusement

1. rapide

_____

2. vrai

_____

3. naïf

_____

4. heureux

_____

5. certain

_____

6. constant

_____

7. autre

_____

8. bon

_____

9. actif

_____

10. facile

_____

H. Le futur immédiat. Répondez au futur immédiat. *[Section 5]*

▮ Aujourd'hui vous êtes présent. Et demain?
Demain aussi, je vais être présent, naturellement.

1. Aujourd'hui vous dînez. Et demain?

_____

2. Maintenant nous n'avons pas de difficultés. Mais le jour de l'examen final?

_____

3. Aujourd'hui je lis la leçon 6. Et demain?

_____

4. On ne va pas au laboratoire maintenant. Mais à la fin de cette leçon?

_____

5. Maintenant, vous faites vos exercices de français. Et après?

_____

I. Composition dirigée. Un de vos amis va faire un voyage. Vous posez cinq questions à votre ami à propos de son voyage. Écrivez vos questions et ses réponses. Employez le futur immédiat et les prépositions avec les noms de villes et de pays.

▮ —*Où vas-tu aller?*
—*Je vais aller en France, à Paris, à Nice ... Je vais visiter les Invalides et Notre-Dame ...*

_____

_____

_____

_____

_____

_____

_____

_____

_____

_____

_____

_____

_____

_____

_____

_____

Sixième Leçon

Exercices de laboratoire

A. (oral-écrit) Le verbe *aller*. You will hear questions using the verb **aller.** Answer each question affirmatively.

▮ Allez-vous au cinéma?   *Oui, je vais au cinéma.*

1. Oui, _____ au cinéma.

2. Oui, _____ à la banque.

3. Oui, _____ au parc.

4. Oui, _____ au restaurant.

5. Oui, _____ au lycée.

6. Oui, _____ au lit.

B. (oral) Les verbes *venir, devenir, dire, lire, écrire*. You will hear questions. Answer each question affirmatively.

▮ Venez-vous à l'université le lundi?
   Oui, je viens à l'université le lundi.

(Items 1–8)

C. (oral-écrit) Verbes à la forme négative. Now answer each question in the negative.

▮ Venez-vous à l'université à trois heures du matin?
   Non, je ne viens pas à l'université à trois heures du matin.

1. Non, _____ à l'université.

2. Non, _____ à l'université pendant le week-end.

3. Non, _____ furieux.

4. Non, _____ bonsoir le matin.

5. Non, _____ bonjour à minuit.

6. Non, _____ mes compositions à mes parents.

7. Non, _____ l'histoire de ma vie.

8. Non, _____ bien.

D. (oral)   Le verbe *faire*.   You will hear a series of statements. For each sentence, ask what the subject is doing, using the verb **faire.**

◼ Je lis une revue.
  Qu'est-ce que vous faites?

(Items 1–5)

E. (oral)   La préposition *à* avec le nom d'une ville.   You will hear the names of some cities. Say that you are in each city. If the name includes the definite article *le*, remember to form the contraction *au*.

◼ Boston
  Je suis à Boston.

(Items 1–8)

F. (oral-écrit)   *En* ou *au* avec le nom d'un pays.   You will hear the names of some countries. Say that you and some friends are going there.

◼ Brésil
  Nous allons au Brésil.

1. Nous allons _____.

2. Nous allons _____.

3. Nous allons _____.

4. Nous allons _____.

5. Nous allons _____.

6. Nous allons _____.

7. Nous allons _____.

8. Nous allons _____.

G. (oral)   La formation des adverbes.   You will now hear a series of adjectives. Respond with the corresponding adverbs.

◼ rapide
  rapidement

(Items 1–7)

H. (oral-écrit) Le futur immédiat. You will now hear a series of statements in the present tense. Say what people are going to do in the near future by using the verb **aller** plus an infinitive.

◧ Nous allons au cinéma.
Nous allons aller au cinéma.

1. _____ à mon professeur.

2. _____ nos exercices.

3. _____ en retard.

4. _____ dans la maison.

5. _____ absents.

I. Compréhension orale. Circle the words you hear in the following sentences.

1. je vais   je fais

2. il vient   ils viennent

3. écrivent-elles   écrit-elle

4. nous faisons   neuf cents

5. allez-vous venir   allez-vous devenir

DICTÉE: Les vacances tranquilles

Pendant _____ , je _____ chez mes

_____ . Ils ont une maison _____ . J'adore _____

_____ . Je _____ ,

et chez mes _____ , la vie _____ . Je _____ ,

j'_____ et il y a des jeunes gens _____ à côté.

Projets de vacances, Découverte et Création, page 134.

Échanges, Découverte et Création, page 137.

Septième Leçon

Exercices écrits

A. Récapitulation. Remplacez les tirets par la préposition appropriée choisie de la liste suivante: **en, à, au, à la, à l', aux, de, du, de la, de l', des, dans, à côté de, devant, entre, derrière, près de, sous.**

1. On regarde son image quand on est _____ le miroir.

2. La Suisse est _____ la France.

3. Venez chez moi _____ midi et une heure demain.

4. Le pique-nique va être _____ mon jardin.

5. Ils parlent portugais, mais ils ne viennent pas _____ Portugal; ils viennent

   _____ Brésil.

6. Picadilly Circus est _____ Londres, _____ Angleterre.

7. Quelle catastrophe! Mes clés sont _____ ma voiture! Comment est-ce que je vais

   aller _____ maison?

8. Il y a des vêtements sales _____ le lit de ce garçon.

B. Récapitulation. Voilà des réponses: quelle est la question? (Employez l'inversion dans la question si possible.)

■ Elle pleure quand elle n'est pas heureuse.
 Quand votre sœur pleure-t-elle?

1. _____

   Je vais bien, merci, et vous?

2. _____

   Non, vous ne parlez pas beaucoup.

3. _____

   Oui, je fais mon lit tous les jours.

4. _____

   J'écris des lettres parce que je n'ai pas de téléphone.

5. _____

   Ma mère vient de France et mon père vient d'Australie.

6. _____

Non, vous êtes toujours en retard, mes amis!

7. _____

Nous regardons les matchs de tennis.

8. _____

Non, elle n'a pas de responsabilités particulières.

9. _____

Il y a des soirées le samedi.

10. _____

Oui, les exercices deviennent difficiles.

C. Les verbes réguliers en -ir. Complétez ces phrases avec la forme correcte du verbe entre parenthèses. *[Section 1]*

1. (réussir)   Frédéric _____ toujours à ses devoirs.

2. (choisir)   Nous _____ les cours que nous préférons.

3. (obéir)   Mon chien _____ à mes ordres.

4. (établir)   Ils _____ un nouveau système.

5. (finir)   Vous _____ votre sandwich.

6. (bâtir)   On _____ des immeubles au bord de la mer.

7. (définir)   Je _____ cette expression en français.

8. (rougir)   Quand on pose une question indiscrète, est-ce que tu _____ ?

D. Six autres verbes en -ir. Répondez aux questions suivantes. *[Section 2]*

1. Où dormez-vous?

_____

2. Sentez-vous une odeur bizarre maintenant?

_____

3. Est-ce qu'on sert des quiches pour le dîner de Thanksgiving?

_____

4. Sortez-vous le samedi soir?

_____

5. Quand partez-vous en vacances?

_____

6. Quand est-ce qu'on ment?

_____

7. Dormez-vous bien le soir avant un examen?

_____

8. Sortons-nous avant la classe ou après la classe?

_____

E. Des verbes en -ir. Employez les mots donnés pour faire une phrase complète. *[Sections 1, 2]*

◼ finir / un livre / je
Je finis un livre.

1. réussir / toujours / tu

_____

2. dormir / à minuit / je

_____

3. servir / le déjeuner / la mère

_____

4. choisir / ne pas / ses parents / on

_____

5. sortir / est-ce que / chaque soir / vous

_____

6. bâtir / ne pas / de nouveaux lycées / les gens

_____

7. définir / les mots / les dictionnaires

_____

8. partir / de Paris / nous

_____

F. Trois pronoms relatifs. Remplacez les tirets par **qui, que** ou **où.** *[Section 3]*

1. Voilà le poème _____ vous écrivez.

2. C'est le professeur _____ je préfère.

3. Les villes _____ il y a beaucoup d'habitants ont souvent un métro.

4. Je regarde une télévision _____ est en couleur.

5. C'est le moment _____ le professeur arrive.

6. Voilà le cinéma _____ il y a de bons films.

7. Elle a un frère _____ est étudiant en médecine.

8. Le vélo _____ je désire est très cher.

9. Ce sont deux jeunes filles _____ habitent sur le campus.

10. Voilà la discothèque _____ nous dansons toujours.

G. Les pronoms relatifs *qui, que, où*. Utilisez **qui, que** ou **où** pour former une seule phrase. Attention: quelquefois le remplacement de l'article indéfini (**un, une**) par l'article défini (**le, la**) est nécessaire. *[Section 3]*

■ Septembre est un mois. Les arbres deviennent très jolis en automne.
Septembre est le mois où les arbres deviennent très jolis.

1. Voilà un hôpital. Le docteur Jekyll travaille dans cet hôpital.

_____

2. Voilà un hôpital. Il est à côté de votre appartement.

_____

3. Mon ami admire ce sénateur. Ce sénateur vient de Boston.

_____

4. Mon amie admire ce sénateur. Anne-Marie déteste ce sénateur.

_____

5. Juin est un mois. Je préfère ce mois.

_____

6. Juin est un mois. Les vacances commencent en juin.

_____

7. Juin est un mois. Il vient après mai.

_____

8. Voilà un journal. Je lis ce journal.

_____

H. Verbe conjugué + infinitif. Écrivez les prépositions **à** ou **de** dans ces phrases si c'est nécessaire. Attention: Il y a des phrases qui n'ont pas besoin de préposition. *[Section 4]*

1. Il continue _____ étudier l'architecture.

2. Il va _____ continuer ses études.

3. Il invite Leslie _____ aller au cinéma.

4. Nous commençons _____ regretter _____ être grands.

5. Vous espérez _____ visiter l'Espagne.

6. On réussit _____ parler français.

7. Elle oublie _____ écrire à ses parents.

8. Nous ne désirons pas _____ écouter ce disque.

9. Tu détestes _____ préparer les omelettes.

10. Pourquoi refusez-vous _____ aider votre ami _____ écrire ses exercices?

I. **Quelques adverbes.** Récrivez la phrase avec l'adverbe qui convient. *[Section 5]*

1. Les étudiants n'ont pas (assez/bien) de liberté.

_____

2. J'oublie (tard/déjà) votre nom. Pardon!

_____

3. Vous dites (encore/mal) la même chose.

_____

4. Tu regrettes de danser (mal/bien)

_____

5. Cinq heures du matin, c'est (tôt/tard).

_____

J. Composition dirigée. Remplissez ce formulaire et, puis, préparez cinq questions pour décider où quelqu'un aime aller et quelles choses il (elle) aime faire quand il (elle) sort. Écrivez aussi les réponses d'une personne imaginaire ou vos réponses personnelles. Employez deux verbes sans ou avec préposition.

VOUS ÊTES À LA RECHERCHE D[1]'UNE RELATION SENTIMENTALE DURABLE?

Répondez aux questions suivantes pour trouver le bonheur[2]

JE SUIS

Nom et prénom _____

Adresse _____ _____

Numéro de téléphone _____

Age _____   Profession _____

Célibataire ☐[3]   Veuf(ve) ☐[4]   Divorcé(e) ☐
J'aime danser ☐ voyager ☐ jardiner ☐ aller au cinéma ☐
écouter la musique ☐ lire ☐ marcher ☐ courir ☐
La personne que je recherche doit avoir[5] entre _____ et _____ ans.
Sa profession: employé(e) ☐ profession libérale ☐ artiste ☐
retraité ☐ technicien ☐
Ses qualités: tendresse ☐ gaieté ☐ passion ☐ loyauté ☐ humour ☐
créativité ☐ intelligence ☐ culture ☐ dynamisme ☐
Ses centres d'intérêt: nature ☐ musique ☐ voyages ☐ arts ☐ sports ☐
vie professionnelle ☐ vie familiale ☐ vie intellectuelle ☐

_____

_____

_____

---

1. *looking for*   2. *happiness*   3. *single*
4. *widow(er)*   5. *must be*

■ *Où préférez-vous dîner? J'adore dîner dans des restaurants chinois et vietnamiens parce que j'aime bien la cuisine orientale ...*

_____

_____

_____

_____

_____

_____

_____

_____

_____

_____

_____

_____

Septième Leçon

Exercices de laboratoire

A. (oral)   Les verbes réguliers en -ir.   Answer the following questions in the affirmative.

> ▮ Finissez-vous vos devoirs avant minuit?
> *Oui, je finis mes devoirs avant minuit.*

(Items 1–8)

B. (oral-écrit)   Six autres verbes en -ir.   You will hear questions containing the verbs **dormir, sortir, partir, mentir, sentir** or **servir.** Answer each question in the affirmative.

> ▮ Mentez-vous?
> *Oui, je mens.*

1. Oui, ils _____ .

2. Oui, je _____ .

3. Oui, elle _____ .

4. Oui, ils _____ .

5. Oui, je _____ .

C. (oral-écrit)   Les pronoms relatifs *qui* et *que*.

Part One

You will hear two sentences. Combine them by using the relative pronoun **qui.**

> ▮ C'est un étudiant. Il a de bonnes notes.
> *C'est un étudiant qui a de bonnes notes.*

1. C'est _____ parle espagnol.

2. C'est _____ n'est pas chère.

3. C'est _____ va toujours au laboratoire.

4. C'est _____ écrit des livres.

Part Two

Now combine two sentences by using the relative pronoun **que.**

◼ Voilà le livre. Il préfère ce livre.
Voilà le livre qu'il préfère.

5. Voilà _____ elle lit.

6. Voilà _____ il aime.

7. Voilà _____ je fais.

8. Voilà _____ vous voulez.

D. (oral-écrit)   Le pronom relatif *où*.   Combine two sentences by using the relative pronoun **où.**

◼ Voici l'université. Nous allons à cette université.
Voici l'université où nous allons.

C'est l'heure. Il téléphone.
C'est l'heure où il téléphone.

1. Voici _____ nous dînons.

2. Voici _____ il y a une fontaine.

3. Voici _____ elles vont.

4. Voici _____ vous arrivez.

E. (oral-écrit)   Verbe conjugué + infinitif.   You will hear an infinitive phrase followed by several ways of beginning a sentence. For each beginning, make a complete statement, adding the preposition **à** or **de** before the infinitive when necessary.

◼ visiter un musée
Nous commençons
Nous commençons à visiter un musée.

Nous décidons
Nous décidons de visiter un musée.

Nous aimons
Nous aimons visiter un musée.

parler vite

1. Je _____ parler vite.

2. Je _____ parler vite.

3. Je _____ parler vite.

4. Je _____ parler vite.

5. Je _____ parler vite.

6. Je _____ parler vite.

aller au cinéma

7. Nous _____ aller au cinéma.

8. Nous _____ aller au cinéma.

9. Nous _____ aller au cinéma.

10. Nous _____ aller au cinéma.

11. Nous _____ aller au cinéma.

12. Nous _____ aller au cinéma.

F. (oral)   Quelques adverbes.   You will hear an adverb, then a statement. Make a complete sentence, placing the adverb immediately after the verb.

> ◼ vite / Il va à la maison.
> *Il va vite à la maison.*

(Items 1–6)

G.   Compréhension orale.   Circle the words you hear in the following sentences.

1. il finit   ils finissent

2. un homme qui   un homme que

3. d'aller   à aller

4. sort-elle   sortent-elles

DICTÉE: Où aller à Paris?

Marc et Gail _____ ,

_____ . La transition _____

parce qu'ils _____ bizarres. _____

_____ , _____ , _____ ,

_____ . _____ ,

Bernard, _____ .

Quand _____ , _____ .

_____ .

la Fontaine des Innocents _____ .

En vacances à Paris, *Découverte et Création*, page 155.

Échanges, *Découverte et Création*, page 158.

Huitième Leçon

Exercices écrits

A. Récapitulation. Répondez aux questions suivantes. Employez les verbes en italique au présent dans votre réponse.

▪ Aimez-vous *dormir* tard?
Oui, je dors tard le week-end.

Détestez-vous *rougir?*
Oui, mais je ne rougis pas souvent.

1. Aimez-vous *réussir?*

_____

2. Les étudiants à l'université continuent-ils à *obéir* à leurs parents?

_____

3. Vos camarades aiment-ils *venir* en classe?

_____

4. Détestez-vous *mentir?*

_____

5. Essayez-vous de *brunir* au soleil?

_____

6. Aimez-vous *choisir* le dessert pour tout le monde quand vous dînez au restaurant?

_____

7. Les gens qui sont en forme détestent-ils *devenir* malades?

_____

8. Préférez-vous *sortir* le soir ou l'après-midi?

_____

9. Détestez-vous *réfléchir* à votre avenir?

_____

10. Choisissez-vous de *partir* à la fin d'une soirée ou au milieu d'une soirée?

_____

B. Les parties du corps. Répondez aux questions suivantes et si la réponse est négative, rectifiez. *[Section 1]*

◼ Avez-vous les cheveux gris?
Non, je n'ai pas les cheveux gris, j'ai les cheveux bruns.

1. Avez-vous les yeux rouges?

   _____

2. Votre grand-mère a-t-elle les cheveux bleus?

   _____

3. Avez-vous les yeux fermés?

   _____

4. Votre professeur a-t-il les yeux jaunes?

   _____

5. Al Pacino a-t-il les cheveux blonds?

   _____

C. Expressions idiomatiques avec *avoir*. Complétez les phrases suivantes par une expression avec *avoir*. *[Section 2]*

1. À l'équateur, on a très _____.

2. Avant le dîner, on a _____.

3. Il a _____ sportif.

4. Dans le désert Sahara on a _____.

5. Quand je dis que l'argent américain est bleu, j'ai _____.

6. Quand tu dis que tu as deux yeux, tu as _____.

7. S'il y a un tigre féroce devant vous, vous avez probablement _____.

8. Mon ami dit «Bonjour, Monsieur» à ma tante. Quand j'explique son erreur, il a

   _____.

9. Pour entrer dans un théâtre on a _____ de payer.

10. Un insomniaque n'a généralement pas _____.

D. Expressions idiomatiques avec *avoir*.   Écrivez une phrase affirmative et une phrase négative pour chaque paire d'images. *[Section 2]*

1. avoir l'air _____

_____

2. avoir honte _____

_____

3. avoir envie _____

_____

4. avoir besoin _____

_____

5. avoir soif _____

_____

6. avoir peur _____

_____

E. Les expressions météorologiques.   Quel temps fait-il dans chaque image? *[Section 3]*

1. _____

2. _____

3. _____

4. _____

5. _____

6. _____

7. _____

8. _____

F. Les saisons. Inventez cinq questions qui commencent par *En quelle saison* ... Écrivez les questions et les réponses. *[Section 4]*

▌ —*En quelle saison est-ce que vous avez froid?*
—*J'ai froid en hiver.*

_____

_____

_____

_____

_____

_____

_____

_____

_____

_____

_____

_____

_____

_____

_____

_____

G. Récapitulation de la négation. Écrivez le contraire. *[Section 5]*

■ C'est un vélo.
Ce n'est pas un vélo.

Tu as un vélo.
Je n'ai pas de vélo.

1. Ce sont des chaussettes de ski.

_____

2. C'est mon anniversaire.

_____

3. Il y un examen demain.

_____

4. Il y a l'examen final demain.

_____

5. Nous avons des amis en Italie.

_____

6. Jean-Luc porte un blouson *(windbreaker)* quand il sort.

_____

7. Je cherche des critiques objectives.

_____

8. Jean donne un cadeau à son père.

_____

9. Gisèle demande un autographe à Yves Saint-Laurent.

_____

10. Le gouvernement bâtit une pyramide au musée d'Orsay.

_____

11. Je sens des fleurs.

_____

12. Vous dansez le tango.

_____

13. J'aide les sans-logis.

_____

14. Nous aimons l'injustice.

_____

15. J'accepte ma situation.

_____

16. Tout le monde rate son examen.

_____

17. Bertrand mange cette orange.

_____

18. Pierre trouve ce roman excellent.

_____

H. Composition dirigée. Regardez par la fenêtre et décrivez la scène et vos sentiments en dix phrases. Utilisez quelques expressions idiomatiques avec **avoir,** une ou deux expressions météorologiques, le vocabulaire des saisons et, si possible, quelques parties du corps.

■ *C'est l'hiver. Il fait du vent aujourd'hui et tout le monde a l'air d'avoir très froid. Ils portent des gants et des chapeaux. Je n'ai pas envie de sortir ...*

_____
_____
_____
_____
_____
_____

Exercices écrits _____

_____

_____

_____

_____

_____

_____

_____

_____

Huitième Leçon
Exercices de laboratoire

A. (oral-écrit) **Le verbe *avoir* dans les expressions idiomatiques.** You will hear a statement. Express the corresponding sensation, using an idiomatic expression with the verb **avoir.**

■ Je suis à côté de la cheminée.
Vous avez chaud!

1. Vous _____!

2. Vous _____!

3. Vous _____!

4. Vous _____!

5. Vous _____!

6. Vous _____!

B. (oral-écrit) **La négation des expressions idiomatiques avec *avoir*.** Contradict the statements you hear by restating each in the negative.

■ J'ai froid.
Je n'ai pas froid.

J'ai tort.
Je n'ai pas tort.

1. Après sa réponse, _____.

2. Le professeur _____.

3. À dix heures du matin, _____.

4. Après le laboratoire, _____.

5. Au mois de mai, _____.

6. Devant le président, _____.

C. (oral)   L'expression *avoir l'air*.

Part One

You will hear an adjective and part of a sentence. Complete the sentence describing how someone looks.

◧ sympathique / elle a l'air
Elle a l'air sympathique.

(Items 1–4)

Part Two

Now use the expression **avoir l'air de** before a noun or a verb phrase.

◧ une étudiante / elle a l'air
Elle a l'air d'une étudiante.

être intelligent / il a l'air
Il a l'air d' être intelligent.

(Items 5–8)

D. (oral-écrit)   Les expressions *avoir besoin de* et *avoir envie de*.

Part One

You will hear a noun phrase followed by a verb phrase. Respond with a complete sentence to say what you want or need.

◧ un livre / j'ai besoin
J'ai besoin d'un livre.

1. _____ sandwich.

2. _____ autre chemise.

3. _____ heure de solitude.

Part Two

Now you will hear a noun followed by a verb phrase. Use the expressions **avoir besoin de** and **avoir envie de** to say what people want or need.

◧ affection / on a besoin
On a besoin d'affection.

4. _____ vacances.

5. _____ vêtements.

6. _____ argent.

Part Three

You will now hear an infinitive phrase followed by the beginning of a sentence. Give a complete sentence to say what we want or need to do.

◼ manger / nous avons besoin
   Nous avons besoin de manger.

7. _____ déjeuner.

8. _____ étudier.

9. _____ écrire un poème.

10. _____ terminer l'exercice.

E. (oral)   L'âge.   You will hear the subject of a sentence followed by an age. Tell how old each person is, using the verb **avoir.**

◼ mon père / cinquante ans
   Mon père a cinquante ans.

(Items 1–5)

F. (oral)   Les parties du corps.   You will hear part of a sentence explaining why you feel ill. Respond by saying what part of your body does not feel well.

◼ Je ne danse pas parce que j'ai mal ...
   J'ai mal aux pieds.

(Items 1–5)

G. (oral)   Les expressions comme *il neige, il pleut, il fait beau, il fait mauvais, il fait frais.*   You will hear questions about activities that depend on the weather. Answer in the affirmative or the negative, as appropriate.

◼ Fait-il froid en juillet?
   Non, il ne fait pas froid en juillet.

(Items 1–5)

H. (oral-écrit) *En automne, en hiver, en été, au printemps.* You will hear a series of questions asking about the seasons of the year. Answer each in a complete sentence.

    ■ Quand fait-il chaud?
    Il fait chaud en été.

1. Noël _____.

2. La fête nationale française _____.

3. La saison de base-ball _____.

4. La saison de base-ball _____.

I. (oral) **Récapitulation de la négation.** You will hear a series of questions. Answer each in the negative with a complete sentence.

    ■ Est-ce un garçon?
    Non, ce n'est pas un garçon.

    Avez-vous un fils?
    Non, je n'ai pas de fils.

(Items 1–8)

J. **Compréhension orale.** Circle the words you hear in the following sentences.

1. il a   il est

2. femme   faim

3. d'oiseaux   des oiseaux

4. peur   tort

5. de voitures   d'une voiture

DICTÉE: Les goûts de Laurence

_____

_____

_____

_____

_____

_____

_____

_____

_____

_____

_____

_____

_____

_____

_____

Un être exceptionnel, Découverte et Création, page 178.

Échanges, Découverte et Création, page 180.

Neuvième Leçon

Exercices écrits

A. Récapitulation. Remplacez les tirets par **à, d',** ou **de** si une préposition est nécessaire.

1. Vous avez l'air _____ fatigué.

2. Je n'ai pas peur _____ vous.

3. Tu commences _____ dire des choses étranges.

4. Nous allons _____ partir demain.

5. Ils désirent _____ aller _____ Chicago.

6. _____ minuit nous sommes au lit.

7. Elle a mal _____ la gorge.

8. Quand on finit _____ étudier, on a besoin _____ dormir.

9. Mes chats ont _____ les yeux verts.

10. J'ai envie _____ un sandwich.

B. Récapitulation. Remplacez les tirets par la forme appropriée du verbe **avoir** ou d'une expression avec **avoir.**

Monologue intérieur

Ah, voilà ma nouvelle camarade de chambre. Elle _____ sympathique, je

suppose. Mais j'_____ : elle est peut-être bizarre! Est-ce qu'elle

_____ à midi et _____ à minuit? Est-ce qu'elle

_____ sortir tous les soirs? Est-ce qu'elle _____

écouter la stéréo quand j'_____ étudier? Oh! là, là!

J'_____ à la tête! Mais je ne suis pas une enfant.

J'_____ ans! Commençons bien ... Bonjour. Je suis ta nouvelle camarade de

chambre. Je m'appelle Nathalie. Il est midi. Est-ce que tu _____ comme moi?

C. Le partitif. Complétez les phrases suivantes avec une fin logique qui emploie le partitif.
[Section 1]

1. Dans une bibliothèque, il y a _____.

2. Dans cette piscine, il y a _____.

3. Dans cette assiette, il y a _____.

4. Dans cette bouteille, il y a _____.

5. Sur la table, il y a _____.

D.   Le partitif.   Complétez ces phrases avec **de, d', du, de la, de l'** ou **des.** *[Sections 1, 2]*

1. J'ai _____ imagination.

2. Je n'ai pas _____ imagination.

3. Avez-vous _____ disques mexicains?

4. N'avez-vous pas _____ disques mexicains?

5. Il a _____ ambition.

6. Pour le petit déjeuner, je mange _____ œufs.

7. Y a-t-il _____ vacances cette semaine?

8. Il n'y a pas _____ soupe dans un sandwich.

9. Dans cette bouteille il y a _____ lait.

10. Dans cette bouteille il n'y a pas _____ lait.

E.   Expressions de quantité.   Formez une phrase avec **avoir + quelques** + nom, **avoir + plusieurs** + nom ou avec **avoir + (un) peu de** + nom. *[Section 3]*

▐ livres français
Il a quelques livres français à la maison.

1. livres français

_____

2. chocolat

_____

3. poulet

_____

4. disques

_____

5. temps libre

_____

6. amis bilingues

_____

7. vin

_____

8. argent

_____

9. boîtes

_____

10. pull-overs

_____

F.   Expressions de quantité.   Remplacez les tirets par une expression de quantité appropriée choisie de la liste suivante. *[Section 3]*

assez de	**une bouteille de**	**combien de**	**une livre de**
trop de	**beaucoup de**	**un verre de**	**(un) peu de**
un kilo de	**une tasse de**	**une douzaine de**	**quelques**

Utilisez chaque expression de quantité une fois au maximum.

■   Je désire _un verre de_ champagne.   ou
Je désire _un peu de_ champagne.

1. M. Rockefeller a _____ argent.

2. Nous achetons _____ œufs.

3. Manges-tu _____ soupe?

4. Je désire _____ lait.

5. Je vais acheter _____ beurre.

6. _____ frères avez-vous?

7. Avec _____ imagination vous allez réussir.

8. Désirez-vous _____ thé?

9. _____ villes ont un métro.

10. J'ai besoin de/d'_____ tomates.

G.   La différence entre le partitif et l'article défini.   Mettez **le, la, l', les, du, de la, de l', des** ou **de** dans les phrases suivantes. *[Section 4]*

1. Aimez-vous _____ lait dans votre café?

2. Elle achète _____ tomates aujourd'hui.

3. Elle n'a pas _____ tomates aujourd'hui.

4. Je n'aime pas _____ tomates.

5. Ils achètent _____ vin.

6. Ils n'ont pas _____ vin.

7. Il y a _____ Californiens qui n'aiment pas _____ vin français.

8. Les Américains adorent _____ choses fraîches.

H.   La différence entre le partitif et l'article défini.   Inventez une question avec les mots donnés. Écrivez une question et une réponse. *[Section 4]*

▮ la charcuterie
Est-ce que la charcuterie est délicieuse?
Oui, la charcuterie est délicieuse dans les sandwichs.

1. du vin

_____

_____

2. le vin

_____

_____

3. les légumes

_____

_____

4. des légumes

_____

_____

5. de la soupe

_____

_____

6. l'eau Perrier

_____

_____

I.   Les verbes *manger, boire, prendre*.   Écrivez la forme correct de **prendre**, **manger** ou **boire**. Quelquefois **prendre** peut remplacer **manger** ou **boire**. *[Section 5]*

1. Nous _____ trop de gâteau.

2. À quelle heure _____-vous votre petit déjeuner?

3. En France les gens _____ du vin avec leur dîner.

4. _____-tu du sucre dans ton café?

5. Je _____ de l'eau quand j'ai soif.

6. _____-vous du Coca-Cola?

7. Qu'est-ce que les cannibales _____?

8. Mon ami ne désire pas grossir, alors il ne _____ pas de dessert.

J. *Boire, prendre, mettre.*   Répondez aux questions suivantes. *[Section 5]*

1. Qui boit beaucoup de bière—les Allemands ou les Chinois?

   _____

2. Buvez-vous un café maintenant?

   _____

3. Où boit-on beaucoup de thé?

   _____

4. Buvons-nous dans la classe de français?

   _____

5. Quand mettez-vous une cravate?

   _____

6. Qu'est-ce qu'on met sur un hamburger?

   _____

7. Qu'est-ce que vous comprenez bien?

   _____

8. Qui prend beaucoup de risques?

   _____

9. Quel âge a-t-on quand on apprend à lire?

   _____

10. Permettez-vous les questions choquantes?

    _____

K.   Emplois idiomatiques du verbe *faire* et du verbe *jouer*.   Remplacez les tirets par la préposition et/ou l'article qui convient. *[Section 6]*

1. Je joue _____ saxophone.

2. Elle fait _____ français.

3. Il fait _____ courses le samedi.

4. Vous faites _____ ski.

5. Elle aime faire _____ promenades à vélo.

6. Nous faisons _____ voyage en Espagne.

7. Si on fait _____ sport, on reste en bonne forme physique.

8. Avant le dîner, tu vas faire _____ cuisine.

9. Dans ce cours, on fait _____ histoire québécoise.

10. Allons-nous jouer _____ bridge ce soir?

L. Les expressions idiomatiques avec *faire*.   Répondez aux questions par une expression idiomatique avec **faire.** *[Section 6]*

1. Que fait tout le monde?

_____

2. Que font Richard et Jeanne?

_____

3. Que font Didier et Sophie?

_____

4. Qui fait une promenade à pied?

_____

5. Que fait Bernard?

_____

6. Que fait ma grand-mère?

_____

7. Que fait mon frère?

_____

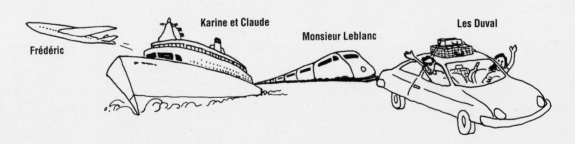

8. Quelle sorte de voyage fait Monsieur Leblanc?

_____

9. Que font Karine et Claude?

_____

M. Composition dirigée. Inventez et écrivez la conversation entre les personnes dans l'image. Employez le partitif, des expressions de quantité, les verbes **voire, prendre** et **mettre** et peut-être une expression idiomatique avec **faire.** Inventez des noms pour les personnes. (Écrivez au moins dix phrases.)

■ PAPA: *Alors, qu'est-ce que tu désires, Stéphane?*
STÉPHANE: *Peu de petits poids, s'il te plaît, papa ... mais beaucoup de rosbif. Et de la sauce sur les pommes de terre.*

_____

_____

_____

_____

_____

_____

_____

_____

_____

_____

_____

_____

_____

_____

Neuvième Leçon
Exercices de laboratoire

A. (oral-écrit)   Une quantité indéterminée: *du, de la, de l'* **ou** *des.*   You will hear a series of questions beginning with *Qu'est-ce qu'il y a?* Answer each question with *Il y a* plus an indefinite quantity.

Part One

The questions here refer to feminine singular nouns. Answer using **de la** or **de l'**.

◼ Qu'est-ce qu'il y a dans un pot de marmelade?
Il y a de la marmelade.

1. Il y a _____.

2. Il y a _____.

3. Il y a _____.

4. Il y a _____.

5. Il y a _____.

Part Two

Here the questions refer to masculine singular nouns. Answer using **du** or **de l'**.

6. Il y a _____.

7. Il y a _____.

8. Il y a _____.

9. Il y a _____.

10. Il y a _____.

Part Three

These questions refer to plural nouns. Answer with **des.**

11. Il y a _____.

12. Il y a _____.

13. Il y a _____.

14. Il y a _____.

15. Il y a _____.

B. (oral-écrit)   La négation de *du, de la, de l', et des.* You will hear questions that refer to an indefinite quantity. Answer in the negative, using the expression **pas de** before the noun.

■ Y a-t-il des fruits?
Non, il n'y a pas de fruits.

1. Non, je ne mange pas _____.
2. Non, il n'y a pas _____.
3. Non, je ne désire pas _____.
4. Non, elle ne mange pas _____.
5. Non, nous n'avons pas _____.
6. Non, il n'y a pas _____.
7. Non, je ne désire pas _____.
8. Non, je ne mange pas _____.
9. Non, je ne prends pas _____.

C. (oral)   Les expressions de quantité comme *beaucoup de, peu de, un peu de, trop de, assez de,* etc. Add expressions of quantity to the sentences you hear.

■ J'ai de l'imagination.
beaucoup
J'ai beaucoup d'imagination.

assez
J'ai assez d'imagination.

1. J'ai des amis.
2. Il a de l'argent.
3. Avez-vous du vin?
4. Nous mangeons des fruits.

D. (oral-écrit)   Les expressions de quantité dans des phrases négatives. Answer the following questions in the negative.

■ A-t-il assez d'ambition?
Non, il n'a pas assez d'ambition.

1. Non, il n'y a pas _____.
2. Non, je n'ai pas _____.
3. Non, elle ne fait pas _____.
4. Non, on ne mange pas _____.
5. Non, je ne bois pas _____.

E. (oral) *Un peu de* + un nom singulier et *quelques* + un nom pluriel.   You will hear statements that refer to an indefinite quantity. Restate each sentence, using the word **quelques** with a plural noun and **un peu de** with a singular noun.

▐ J'ai des amis.
J'ai quelques amis.

J'ai de l'imagination.
J'ai un peu d'imagination.

(Items 1–7)

F. (oral-écrit)   **L'idée générale et la quantité indéterminée.**   You will hear two noun phrases: one with the definite article, indicating a general idea, and one with the partitive article, indicating an undetermined quantity. You will then hear the beginnings of sentences. Complete each sentence with the phrase that expresses the appropriate meaning.

▐ le café ou du café
Je voudrais
Je voudrais du café.

Je préfère
Je préfère le café.

1. Elle achète _____.

Elle adore _____.

Les docteurs disent que _____ n'est pas bon.

2. Il désire _____.

Dans un supermarché, il y a _____.

Les enfants détestent souvent _____.

3. Donnez-moi _____ parce que j'adore _____.

Annette n'aime pas _____.

G. (oral)   **Le verbe *boire*.**   Answer the questions you hear in the affirmative.

▐ Bois-tu de la bière?
Oui, je bois de la bière.

(Items 1–5)

H. (oral-écrit)   Le verbe *prendre*.   Answer the following questions in the affirmative.

◼ Prenez-vous votre déjeuner à midi?
Oui, je prends mon déjeuner à midi.

1. Oui, _____ un sandwich pour mon déjeuner.

2. Oui, _____ notre dîner tous les soirs.

3. Oui, _____ du sucre dans leur café.

4. Oui, _____ le petit déjeuner dans la cuisine.

5. Oui, _____ de la crème dans mon café.

I. (oral-écrit)   Les verbes irréguliers *prendre* et *mettre* et leurs composés.   You will hear a series of statements. Change each subject and verb to the plural and restate the sentence.

◼ Il apprend l'allemand.
Ils apprennent l'allemand.

1. _____ le métro.

2. _____ la vérité.

3. _____ l'explication.

4. _____ des chaussures.

5. _____ les critiques.

J. (oral-écrit)   Les usages idiomatiques du verbe *faire*.   Answer the following questions in the negative, using the expression **pas de.**

◼ Faites-vous de l'astrologie?
Non, je ne fais pas d'astrologie.

1. Non, ils _____.

2. Non, on _____ dans la neige.

3. Non, vous _____ maintenant.

4. Non, je _____ maintenant.

5. Non, un cheval _____.

DICTÉE: Légumes ou pas légumes

_____

_____

_____

_____

_____

_____

_____

_____

_____

_____

_____

_____

_____

Bon appétit!, *Découverte et Création*, page 200.

Échanges, *Découverte et Création*, page 202.

Dixième Leçon
Exercices écrits

A. Récapitulation. Placez correctement les adjectifs et les adverbes dans les phrases données. Faites attention à la logique de la phrase et à la forme des adjectifs, et faites tous les changements nécessaires.

◼ (souvent, vieux) Marianne n'oublie pas d'écrire des cartes d'anniversaire à ses amis.
Marianne n'oublie pas souvent d'écrire des cartes d'anniversaire à ses vieux amis.

1. (pollué, certainement) Si vous buvez de l'eau, vous allez avoir mal à l'estomac. _____
   _____

2. (petit, beaucoup) Où est le sac que vous aimez? _____
   _____

3. (mauvais, mal) Pierre réagit quand le professeur parle de ses notes. _____
   _____

4. (délicieux, toujours) Pourquoi Gilberte refuse-t-elle de manger ces saucissons?_____
   _____

5. (bien, bon) Nous mangeons dans les restaurants. _____
   _____

6. (moderne, désagréable, toujours) La femme essaie d'inventer des machines qui font son travail.
   _____
   _____

7. (sérieux, énormément) Tout le monde respecte cette femme que vous refusez d'admirer.
   _____
   _____

8. (joli, quelquefois) Berthe met des fleurs sur sa table de travail._____
   _____

B. Récapitulation. Remplacez les tirets par **de, du, de la, de l', des** ou par une expression de quantité appropriée (**quelques, un peu de, une bouteille de,** etc.). Employez beaucoup de variété.

Pour ma soirée j'ai besoin _____ choses amusantes et délicieuses. Nous allons danser,

alors nous désirons _____ musique, _____ disques et peut-être

_____ guitares aussi. Je vais servir _____ fromage,

_____ pain et _____ gâteaux. Tout le monde boit

_____ vin ou _____ bière, mais je vais servir aussi

_____ eau minérale et _____ café à la fin de la soirée. Il va y avoir

_____ gens sympathiques et intéressants! Avez-vous envie de venir?

C. Les verbes réguliers en -re. Répondez aux questions suivantes. *[Section 1]*

1. Qu'est-ce qu'un marchand de journaux vend?

   _____

2. Répondez-vous à toutes les lettres de vos amis?

   _____

3. Qu'est-ce que vous entendez maintenant?

   _____

4. Où est-ce qu'on attend un avion?

   _____

5. Les épinards rendent-ils les gens plus forts (ou est-ce seulement l'imagination de Popeye)?

   _____

D. Les verbes réguliers en -re. Pour chaque phrase, écrivez la forme correcte du verbe. Choisissez les verbes de la liste suivante: **attendre, vendre, répondre, entendre, perdre, descendre, rendre.**
[Section 1]

1. Quand on _____ au téléphone, on dit «allô».

2. Le vin _____ les gens heureux.

3. J'écoute, mais malheureusement je n'_____ pas très bien la musique.

4. Ne donnez pas vos clés à Maurice: il _____ tout.

5. On _____ des fruits au supermarché.

6. Si le professeur est en retard, quelquefois les étudiants _____ son arrivée.

7. Tu _____ vite de l'auto.

E. Le comparatif des adjectifs. Voici des adjectifs. Faites une comparaison ou deux selon le cas. *[Section 2]*

◼ Monique est petit. Charles est grand.
Charles est plus grand que Monique.
Monique est moins grande que Charles.

1. La Ferrari est rapide. La Volkswagen est lente. _____

_____

2. Charles est un bon étudiant. Jean-Claude est un très bon étudiant. _____

_____

3. La Russie est grande. La Suisse est petite. _____

_____

4. Le professeur est âgé. Les étudiants sont jeunes. _____

_____

5. Georges et Monique sont également intelligents. _____

_____

6. Estelle et Nancy ne sont pas gentilles. Pierre et Paul sont très sympathiques. _____

_____

7. Alice et Suzanne sont également sportives. _____

_____

8. Le vin italien est bon. Le vin français est très bon. _____

_____

9. Mon chien est sympathique. Mon chat est très sympathique. _____

_____

10. Bernard est ennuyeux. Élise est amusante. _____

_____

F. Le comparatif des adverbes. Voici des adverbes. Formez une phrase avec le comparatif de supériorité, d'égalité ou d'infériorité et placez l'adverbe correctement dans la phrase. *[Section 2]*

◼ (bien) Faulkner écrit / moi
Faulkner écrit mieux que moi.

1. (bien) les Anglais mangent / les Français

_____

2. (longtemps) Rip Van Winkle dort / un insomniaque

_____

3. (souvent) Harpo Marx parle / Groucho Marx

_____

4. (vite) un avion va / un autobus

_____

5. (tranquillement) tu dors / un bébé

_____

G. Le comparatif des adjectifs et des adverbes.   Voici des adjectifs et des adverbes. Remplacez les tirets par le comparatif de supériorité, d'infériorité ou d'égalité d'un adjectif ou d'un adverbe approprié. Choisissez de la liste suivante: **délicieux, grand, vite, moderne, classique, bien, vaste, mal, sincère, souvent.** [Section 2]

◼ Un pomme est _____aussi délicieuse qu'_____ une banane.

1. Un piano est _____ un harmonica.

2. Mozart est _____ Gershwin.

3. Un avion va _____ un hélicoptère.

4. Un politicien est _____ un poète.

5. Une lampe électrique est _____ une lampe à gaz.

6. Tracy Chapman chante _____ Suzanne Vega.

7. Boris Becker joue _____ au tennis que Steffi Graf.

8. Une mer est _____ un océan.

H. Le superlatif des adjectifs et des adverbes.   Faites une phrase au superlatif en employant les éléments donnés. [Section 3]

◼ James Joyce écrit / livres difficiles / monde
James Joyce écrit les livres les plus difficiles du monde.

1. ce chef de cuisine fait / repas savoureux / monde

_____

2. le Grand Hôtel a / chambres luxueuses / ville

_____

3. les tableaux de Monet sont / jolis tableaux / musée

_____

4. le Monopoly est / jeu populaire / monde

_____

5. quand on a la grippe, la soupe de poulet est / bon remède / monde

_____

6. dans un orchestre, les violons jouent / souvent / tous les instruments

_____

7. Millard Fillmore est / président célèbre / tous les présidents de l'histoire américaine

_____

8. le Rhode Island est / petit état / les États-Unis

_____

I. Les verbes *vouloir, pouvoir, savoir*. Utilisez la forme correcte du verbe entre parenthèses. Écrivez la phrase complète. *[Section 4]*

1. (savoir)   Tu ne _____ pas où nous sommes?

2. (pouvoir)   Nous _____ aller au cinéma ce soir.

3. (vouloir)   _____-vous un autre café au lait?

4. (vouloir)   Tout le monde _____ quelque chose.

5. (pouvoir)   On ne _____ pas manger en classe.

J. Les verbes *vouloir, pouvoir, savoir*. Répondez à ces questions. *[Section 4]*

1. Qu'est-ce que le mot *peuple* veut dire? (Expliquez en français.)

_____

2. Savez-vous jouer au bridge?

_____

3. Les chiens savent-ils danser?

_____

4. Qu'est-ce que vous ne pouvez pas faire?

_____

5. Qu'est-ce que vous savez faire?

_____

6. Qu'est-ce que vous ne voulez pas faire?

_____

K. Composition dirigée. Décrivez la scène dans l'image. Pourquoi les gens dans l'autobus sont-ils furieux? Expliquez les actions du couple dans la voiture. Faites des comparaisons avec le comparatif et le superlatif et utilisez les verbes **vouloir, pouvoir** et **savoir** et des verbes réguliers en **-re**.

Dixième Leçon
Exercices de laboratoire

**A. (oral-écrit) Les verbes réguliers en -re comme *vendre, attendre, répondre, entendre,*
etc.** Answer the following questions affirmatively, using the appropriate form of the verb.

◼ Attendez-vous un ami?
Oui, j'attends un ami.

1. Oui, _____ mon vélo.

2. Oui, _____ son amie.

3. Oui, _____ aux lettres.

4. Oui, _____ du bruit.

5. Oui, _____ les étudiants heureux.

6. Oui, _____ leur temps.

7. Oui, _____ l'autobus.

8. Oui, _____ l'ascenseur.

9. Oui, _____ des livres à l'université.

B. (oral-écrit) Le comparatif. You will hear two nouns followed by an adjective. Make comparative
statements using these elements and the expression **plus ... que.**

◼ le dictionnaire / le livre / ennuyeux
Le dictionnaire est plus ennuyeux que le livre.

1. Le professeur _____ l'étudiant.

2. L'éléphant est _____ le chien.

3. L'Italie est _____ la France.

4. Le vin rouge est _____ le vin rosé.

5. Les vacances sont _____ le travail.

C. (oral-écrit) *Meilleur que.*   Now you will hear two nouns followed by the adjective **bon.** Say that the first item mentioned is better than the second, using the expression **meilleur que.**

▌ le champagne / l'eau / bon
Le champagne est meilleur que l'eau.

1. Le rosbif est _____ .

2. Ce magasin est _____ .

3. L'été est _____ .

4. Les tartes sont _____ .

5. Les week-ends sont _____ .

D. (oral) *Moins ... que.*   You will hear two nouns followed by an adjective. Use the expression **moins ... que** to make a comparison between the two items mentioned.

▌ l'étudiant / le professuer / âgé
L'étudiant est moins âgé que le professeur.

(Items 1–4)

E. (oral) *Aussi ... que.*   Now make comparisons of equality using the expression **aussi ... que.**

▌ le vin californien / le vin new-yorkais / délicieux
Le vin californien est aussi délicieux que le vin new-yorkais.

(Items 1–5)

F. (oral) *Plus ... que.*   Compare the actions of one subject with those of another, using the expression **plus ... que** with the adverb. Remember that the comparative of **bien** is **mieux que.**

▌ nous travaillons / Georges / régulièrement
Nous travaillons plus régulièrement que Georges.

(Items 1–6)

G. (oral) *Plus de, moins de, autant de.*   You will hear two statements. Compare the first with the second, using the expression **plus de, moins de,** or **autant de.**

▌ Je bois un coca. Marc boit deux cocas.
Je bois moins de cocas que Marc.

(Items 1–6)

H. (oral-écrit) Le superlative des adjectifs.   You will hear a noun, then an adjective, then another noun. Make a superlative statement about the first noun in relation to the second, using **C'est le plus ... de,** or **C'est la plus ... de.**

  ▌ bâtiment / important / l'université
  C'est le bâtiment le plus important de l'université.

1. C'est _____ université.

2. C'est _____ hôpital.

3. C'est _____ classe.

4. C'est _____ magasin.

5. C'est _____ université.

I. (oral-écrit) Le superlatif des adverbes.

Part One

You will hear a statement followed by a noun phrase. Make a superlative statement using the noun phrase, the expression **le plus,** and the adverb you hear in the statement.

  ▌ Henri parle vite. / la classe
  Henri parle le plus vite de la classe.

1. Alice écrit _____ toutes mes amies.

2. Jacques _____ classe.

3. Hélène marche _____ enfants.

Part Two

Now make a sentence using **le moins** and the adverb.

  ▌ Henri ne travaille pas bien. / la classe
  Henri travaille le moins bien de la classe.

4. Lucie danse _____ filles.

5. David travaille _____ groupe.

6. Cet homme travaille _____ bureau.

Part Three

Now make superlative statements using **le mieux.**

  ▌ Henri travaille bien. / la classe
  Henri travaille le mieux de la classe.

7. Sylvie écrit _____ classe.

8. Pavarotti chante _____ monde.

9. Diane et Paul parlent _____ classe.

J. (oral) Les verbes *savoir, pouvoir et vouloir*. You will hear a statement followed by a question. Answer each question in the affirmative.

◨ Elle sait la leçon. Et vous deux?
Oui, nous savons la leçon.

(Items 1–6)

K. (oral-écrit) Les verbes *savoir, pouvoir*, ou *vouloir*. You will hear a statement followed by a verb. Use the verb to make a new statement.

◨ Elle fait cet exercice. / pouvoir
Elle peut faire cet exercice.

1. Ils _____ français.

2. Elle _____ une vieille voiture.

3. Vous _____ le dîner.

4. Je _____ la rumba.

5. Qu'est-ce que vous _____ ?

DICTÉE: Les embouteillages

_____

_____

_____

_____

_____

_____

_____

_____

_____

_____

_____

_____

_____

Qu'est-ce que vous savez faire? Quels vins préférez-vous?, *Découverte et Création*, page 221.

Échanges, *Découverte et Création*, page 224.

Onzième Leçon
Exercices écrits

A. Récapitulation. Répondez aux questions suivantes. Employez un verbe ou une expression appropriée de la liste suivante.

attendre l'arrivée de la police
boire quelque chose
vendre des voitures
perdre le match
partir
mettre le couvert

prendre de l'aspirine
sortir de la salle
rendre des livres
rougir
servir un bon repas
choisir des plats de la colonne A et de la colonne B

▮ Que fait-on après un accident de voiture?
On attend l'arrivée de la police.

1. Que font les gens qui ont mal à la tête?

   _____

2. Que font les gens dans une bibliothèque?

   _____

3. Que faites-vous quand vous avez des invités pour dîner?

   _____

4. Que fait-on quand on a honte?

   _____

5. Que font les gens avant le dîner?

   _____

6. Que font les marchands d'autos?

   _____

7. Que font les gens qui ont soif?

   _____

8. Que font les Dodgers quand ils jouent mal?

   _____

9. Que faisons-nous quand nous sommes dans un restaurant chinois?

_____

10. Qu'est-ce que vous et vos camarades faites à la fin de la classe?

_____

B. Récapitulation. Remplacez les tirets par la forme correcte du verbe **savoir, vouloir** ou **pouvoir,** ou par un adjectif ou un adverbe au comparatif ou au superlatif.

—Est-ce que je _____ lire un de tes journaux?

—Oui, je _____ te donner le journal de l'université ou le journal de la ville.

Quel journal _____-tu?

—Oh, je ne _____ pas. Les deux journaux sont également bons, c'est-à-dire

que le journal de l'université est _____ que le journal de la ville. Si je

_____ savoir les choses que les gens font à l'université, le journal de

l'université est _____ que l'autre journal. Mais si nous

_____ aller en ville ce soir, le journal de la ville est probablement

_____. Quel journal recommandes-tu?

C. Les pronoms objets directs. Répondez aux questions suivantes. Remplacez les mots en italique par un pronom objet direct. *[Section 1]*

▣ Écoutez-vous *ce disque?*
Oui, je l'écoute.

1. Préparez-vous *vos exercices oraux?*

_____

2. Donnez-vous *cette rose* à votre amie Hélène?

_____

3. Est-ce qu'on *vous* regarde quand vous marchez sur le boulevard?

_____

4. Dansez-vous *le cha-cha-cha?*

_____

5. Aimez-vous *Jacqueline Bisset?*

_____

6. Attendez-vous *vos amis* quand ils sont en retard?

_____

7. Qui *vous* aime?

_____

8. Voulez-vous savoir *ma recommandation?*

_____

D. Les verbes *voir* et *recevoir*.   Répondez aux questions suivantes avec le verbe **voir** ou avec le verbe **recevoir.** *[Section 2]*

1. Voyez-vous des montagnes de votre fenêtre?

_____

2. Est-ce que vous et votre sœur recevez beaucoup de cartes d'anniversaire?

_____

3. Qu'est-ce qu'on dit quand on reçoit un cadeau?

_____

4. Qui voit mieux que vous?

_____

E. Les pronoms objets directs ou indirects.   Remplacez le complément par un pronom objet direct ou indirect. *[Sections 1, 3]*

1. Elle va faire son lit.

_____

2. Nous allons écrire à nos amis.

_____

3. Nous n'aimons pas écrire à nos amis.

_____

4. Je refuse de lire le «National Enquirer».

_____

5. Je n'accepte pas de parler à votre père.

_____

6. Je demande à Paul de partir.

_____

7. Vous aidez les enfants à dormir.

_____

8. Vous dites à Harry de boire son café.

_____

9. Je ne mens pas à mes parents.

_____

10. Les autres étudiants posent des questions indiscrètes au professeur.

_____

F. Les verbes *connaître* et *savoir*.   Mettez la forme correcte de **connaître** ou de **savoir** dans la phrase. *[Section 4]*

1. Nous _____ la vraie identité de Superman.

2. Je _____ très bien Chicago.

3. Est-ce que tu _____ mon ami Fred?

4. Tout le monde _____ que l'aéroport Charles de Gaulle est à Roissy.

5. Ils ne _____ pas ce restaurant.

6. Nous ne _____ pas ton appartement mais nous _____ où il est.

G. Les adverbes de transition.   Remplacez les tirets pas un adverbe de transition approprié: **d'abord, et puis, alors, ensuite, enfin, finalement.** *[Section 5]*

1. Pour écrire une composition

_____ je réfléchis, _____ j'écris mes idées sur une page

blanche, _____ je choisis les idées que je veux utiliser pour ma première partie,

_____ les idées pour ma deuxième partie, et _____ je compose

ma conclusion.

2. Une histoire triste

Dans ce film, _____ l'homme et la femme sont très heureux; les deux travaillent

dur, et _____ ils gagnent assez d'argent pour avoir une vie confortable.

_____ ils ont un enfant, _____ ils ont un autre enfant,

_____ la vie devient plus compliquée, les disputes commencent et

_____ ils décident de divorcer.

H. Composition dirigée. Vous voulez téléphoner à un de vos amis, mais vous ne reconnaissez pas la personne qui répond. Écrivez votre conversation—vos questions et ses réponses. Employez des pronoms objets directs et indirects.

◼ —*Je veux parler à Georges.*
—*Georges? Qui est-ce? Je ne le connais pas ...*

_____

_____

_____

_____

_____

_____

_____

_____

_____

_____

_____

_____

_____

_____

Onzième Leçon

Exercices de laboratoire

A. (oral) Les pronoms objets directs.   You will hear sentences with a direct object noun phrase. Restate the sentence, substituting the appropriate object pronoun—**le, la, l', ** or **les.**

   ❚ Je lis le livre.
    Je le lis.

(Items 1–6)

B. (oral) Les pronoms objets directs.   Answer the following questions in the affirmative, using the direct object pronouns **me** or **vous,** as appropriate.

   ❚ Est-ce qu'il vous déteste?
    Oui, il me déteste.

(Items 1–5)

C. (oral-écrit) Les pronoms objets directs.   Answer the following questions affirmatively using the appropriate direct object pronoun: **me, te, le, la, nous, vous,** or **les.**

   ❚ Est-ce que vous prenez le disque?
    Oui, je le prends.

1. Oui, je _____.
2. Oui, je _____.
3. Oui, ils _____.
4. Oui, nous _____.
5. Oui, tu _____.
6. Oui, il _____.

D. (oral-écrit) Les pronoms objets indirects.   You will hear a series of questions with indirect object noun phrases or indirect object pronouns. Answer each question with the appropriate object pronoun.

   ❚ Est-ce qu'il parle à ma sœur?
    Oui, il lui parle.

1. Oui, il _____. 4. Oui, ils _____ salut.
2. Oui, je _____. 5. Oui, je _____.
3. Oui, ils _____.

E. (oral-écrit)   Les pronoms objets directs et indirects.   Restate each sentence you hear, replacing the object noun phrase with the appropriate direct or indirect object pronoun.

■ J'écris la lettre.
Je l'écris.

J'écris à mon professeur.
Je lui écris.

1. Nous _____.

2. Jeanne _____.

3. Nous _____.

4. Vous _____.

5. Il _____ bonjour.

6. Michel _____.

7. Je _____.

8. Nous _____.

F. (oral-écrit)   Les pronoms objets dans une phrase négative.   Answer the following questions in the negative, using the appropriate direct or indirect object pronoun.

■ Est-ce que vous aimez le film?
Non, je ne l'aime pas.

1. Non, elles _____.

2. Non, je _____.

3. Non, on _____.

4. Non, vous _____.

5. Non, je _____.

6. Non, je _____.

7. Non, elle _____.

8. Non, ils _____.

G. (oral-écrit)   La position du pronom objet dans une phrase avec deux verbes.   You will hear a statement with an object noun phrase. Repeat the statement, using an object pronoun. Be sure to place the pronoun before the verb of which it is the object.

■ Je vais téléphoner à mes parents.
Je vais leur téléphoner.

Je regarde les étudiants discuter.
Je les regarde discuter.

Nous allons parler aux étudiants.
Nous allons leur parler.

1. _____?

2. On _____.

3. Je _____ .

4. Nous _____ .

5. Elle _____ .

6. Ils _____ .

7. Tu _____ .

8. Le guide _____ .

H. (oral-écrit) Les verbes *voir* et *recevoir*.   Answer the following questions in the affirmative, using the appropriate form of the verb.

> ▊ Voyez-vous souvent vos amis?
> *Oui, je vois souvent mes amis.*

1. Oui, _____ une cabine téléphonique.

2. Oui, _____ bien avec des lunettes.

3. Oui, _____ des félicitations.

4. Oui, _____ des amis à la maison.

5. Oui, _____ les nuages.

I. (oral) Le verbe *connaître*.   Answer the following questions in the affirmative.

> ▊ Connais-tu ce restaurant?
> *Oui, je connais ce restaurant.*

(Items 1–3)

DICTÉE: Le rendez-vous

MICHEL: _____

_____

DANIÈLE: _____

_____

MICHEL: _____

_____

ROBERT: _____

_____

MICHEL: _____

_____

ROBERT: _____

_____

Un Week-end en Normandie, *Découverte et Création*, page 240.

Échanges, *Découverte et Création*, page 243.

Douzième Leçon

Exercices écrits

A. Récapitulation. Répondez aux questions suivantes avec un verbe ou une expression de cette liste.

attendre	**faire la vaisselle**	**prendre**	**sortir**
connaître	**mettre**	**rendre**	**voir**
faire de la musique	**pouvoir**	**savoir**	**vouloir**

▣ Qu'est-ce que vous faites quand vous jouez du piano?
Je fais de la musique, j'espère.

1. Nous voulons jouer au poker. Pouvez-vous jouer avec nous?

   _____

2. Est-ce que l'amour vous change? Comment?

   _____

3. Pourquoi est-ce que ce monsieur ne vous dit pas bonjour quand il vous voit?

   _____

4. Qu'est-ce que les gens désirent faire quand il fait chaud dans la maison?

   _____

5. Est-ce que ma vision est bonne si je mange beaucoup de carottes?

   _____

6. À quelle heure les Français dînent-ils?

   _____

7. Qu'est-ce qu'un bébé est physiquement incapable de faire?

   _____

8. Qu'est-ce qu'on fait pour ne pas avoir froid à la tête en hiver?

   _____

9. Qu'est-ce que les gens font quand ils finissent de dîner?

   _____

10. Qu'est-ce que vous faites quand votre ami(e) est en retard pour un rendez-vous?

    _____

B.   L'imparfait.   Répondez aux questions suivantes. *[Section 1]*

1. Quelle était la date hier?

    _____

2. Où étiez-vous à minuit?

    _____

3. Qui était présent vendredi dernier? (_____ et _____ ...)

    _____

4. Y avait-il une composition pour hier?

    _____

5. Aviez-vous peur le premier jour de classe?

    _____

C.   Le passé composé.   Répondez aux questions. Pour chaque réponse, employez un verbe ou une expression de la liste suivante dans une phrase logique. *[Section 1]*

dormir	**manger**	**rendre visite à**	**lire**
écrire	**parler**	**téléphoner**	**boire**
étudier	**recevoir**	**voir**	**mettre**
faire	**regarder**	**finir**	

1. Qu'est-ce que vous avez fait hier soir?

    _____

2. Qu'est-ce que votre camarade de chambre a fait hier soir?

    _____

3. Qu'est-ce que vous avez fait dimanche?

    _____

4. Qu'est-ce que les étudiants de votre classe ont fait le premier jour de classe?

    _____

5. Qu'est-ce que votre professeur a fait hier?

    _____

D. La place des adverbes au passé composé. Placez l'adverbe correctement dans la phrase. *[Section 1]*

1. (déjà) Nous avons parlé de ça.

   _____

2. (dernièrement) As-tu vu Philippe?

   _____

3. (naïvement) Pierre a répondu à la question.

   _____

4. (mal) Il a choisi ses cours.

   _____

5. (bien) J'ai appris la leçon.

   _____

E. Les verbes d'état physique ou mental à l'imparfait. Remplacez les tirets par l'imparfait de l'expression entre parenthèses. *[Section 2]*

Hier soir _____ (je suis) chez moi. _____ (Il fait) beau, mais

_____ (c'est) une nuit humide et chaude et _____ (il n'y a

pas) de vent. Malheureusement, _____ (je ne peux pas) sortir parce que

_____ (j'ai) la grippe et _____ (je suis) au lit. _____

_____ (Je sais) que _____ (Didier est) à la maison, alors j'ai

téléphoné pour l'inviter chez moi. _____ (J'espère) qu'_____

(il veut) venir me voir, parce que _____ (je déteste) cette solitude. Après trois

jours d'isolation, _____ (j'ai) envie de parler à quelqu'un.

F. Les verbes d'état physique et mental au passé composé. Inventez un contexte où il y a un moment précis. Écrivez une ou deux phrases pour chaque verbe donné et indiquez le moment précis par le passé composé. *[Section 3]*

◼ entendre *Quand j'ai entendu cette histoire risquée, j'ai été très choqué!*

1. avoir _____

   _____

2. être _____

   _____

3. savoir _____

   _____

4. vouloir _____

_____

5. pouvoir _____

_____

6. il fait beau _____

_____

7. il y a _____

_____

8. c'est _____

_____

G. Les verbes d'état physique et mental au passé. Mettez le paragraphe au passé. Faites les choses suivantes: 1) Lisez tout le texte. 2) Identifiez les actions qui ont lieu à un moment précis. (Cherchez des expressions comme **soudain, tout de suite,** etc.) 3) Remplissez les tirets par le passé composé ou l'imparfait de l'expression entre parenthèses. *[Section 3]*

_____ (Jocelyne pense) que _____ (tout va) bien, mais

pendant qu'_____ (elle est) en route pour l'aéroport, _____

_____ (le temps devient) subitement mauvais. À ce moment-là, _____

(elle pense) aux accidents aériens causés par le mauvais temps et _____ (elle écoute)

la radio de la voiture. Soudain _____ (elle a) vraiment peur _____

(elle sait) qu'_____ (elle ne peut pas) prendre l'avion.

_____ (Il pleut) trop fort. _____ (Elle décide) de ne pas

entrer dans l'aéroport.

H. L'imparfait. Commencez chaque phrase par un verbe à l'imparfait qui fonctionne comme décor. *[Section 4]*

◼ ... quand il a fait une erreur.
Joseph passait un examen quand il a fait une erreur.

1. ... quand nous avons entendu une explosion.

_____

_____

2. ... quand quelqu'un a pris le portefeuille de Valérie.

_____

_____

3. ... quand soudain l'espion a sorti son revolver.

_____

_____

4. ... quand j'ai reçu votre lettre.

_____

_____

5. ... et tout à coup ils ont quitté la salle.

_____

_____

I.   L'imparfait.   Imaginez les habitudes des personnages suivants. Écrivez trois phrases à l'imparfait pour chaque personnage ou couple. *[Section 4]*

▮ Napoléon
Chaque jour il parlait à ses soldats. Il allait souvent en manœuvres. Il essayait toujours d'augmenter son influence politique.

1. Jules César

_____

_____

_____

2. Cendrillon *(Cinderella)*

_____

_____

_____

3. Adam et Ève

_____

_____

_____

4. P. T. Barnum

_____

_____

_____

5. Marie Antoinette et Louis XVI

_____

_____

_____

6. Harry Houdini

_____

_____

_____

J.   L'imparfait et le passé composé.   Mettez le paragraphe au passé. Faites les choses suivantes:
1) Lisez tout le texte. 2) Décidez quelles actions font partie de la scène et précisez le moment où les vacances commencent. 3) Remplissez les tirets par le passé composé ou l'imparfait du verbe entre parenthèses. *[Sections 4, 5]*

Tout le monde _____ (est) content. Les passagers _____ (attendent)

la fin du voyage. Quelques personnes _____ (parlent) à leurs voisins, d'autres

_____ (regardent) heureusement par la fenêtre. Plusieurs personnes

_____ (boivent) du café. Tout à coup, le conducteur _____ (annonce)

leur arrivée. Tout le monde _____ (quitte) le bus pour commencer leurs vacances à
New York.

K.   L'imparfait et le passé composé.   Mettez le paragraphe au passé. Faites les choses suivantes:
1) Lisez tout le texte. 2) Identifiez les actions habituelles et les actions qui ont lieu seulement une fois.
3) Remplissez les tirets par le passé composé ou l'imparfait du verbe entre parenthèses. *[Sections 4, 5]*

Chaque été, ma famille et moi _____ (faisons) du camping. Nous

_____ (allons) à la montagne où nous _____ (habitons) sous une

tente. Nous _____ (faisons) des promenades dans la nature et nous

_____ (regardons) les animaux. Mais un été, nous _____ (essayons)

de réserver un emplacement de camping. Nous _____ (téléphonons) et on

_____ (dit) qu'à la place du camping il y _____ (a) un grand supermarché. Quel

dommage!

L. Le passé. Écrivez le paragraphe suivant au passé. *[Sections 1–5]*

Tous les hommes désirent Carmen. Elle est belle et séduisante, et elle travaille dans une usine de cigarettes. Un jour elle tue une autre femme. Alors, on met Carmen en prison. Mais Don José, le gardien, aime cette femme fatale. Donc, Carmen obtient facilement sa liberté. Don José accompagne Carmen et ils décident de vivre ensemble. Tout va bien. Ce sont des criminels, ils font de la contrebande, ils habitent dans la nature. La vie est magnifique. Mais un jour, Carmen fait la connaissance d'Escamillo, un toréador qui est grand, beau et très «macho». Au moment où il voit Carmen, il veut immédiatement sortir avec elle. Elle dit: Pourquoi pas? Et elle décide de finir sa liaison avec Don José. Mais Don José ne peut pas permettre ça. Alors, il tue Carmen.

_____

_____

_____

_____

_____

_____

_____

_____

_____

_____

_____

_____

M. Composition dirigée. Vous êtes témoin *(witness)* du crime illustré dans les images. Racontez à la police les événements de la soirée. Vous pouvez imaginer des événements qui ne sont pas illustrés. Employez au moins dix verbes ou expressions de la liste suivante au passé composé ou à l'imparfait pour raconter vos observations.

crier	porter	voir	servir
avaler	manger	avoir l'air	savoir
frapper	deviner	réagir	vouloir
pouvoir	penser	entendre	avoir envie de
oublier	avoir	perdre	inviter
dire	prendre	voler	trouver
obtenir	quitter	regarder	

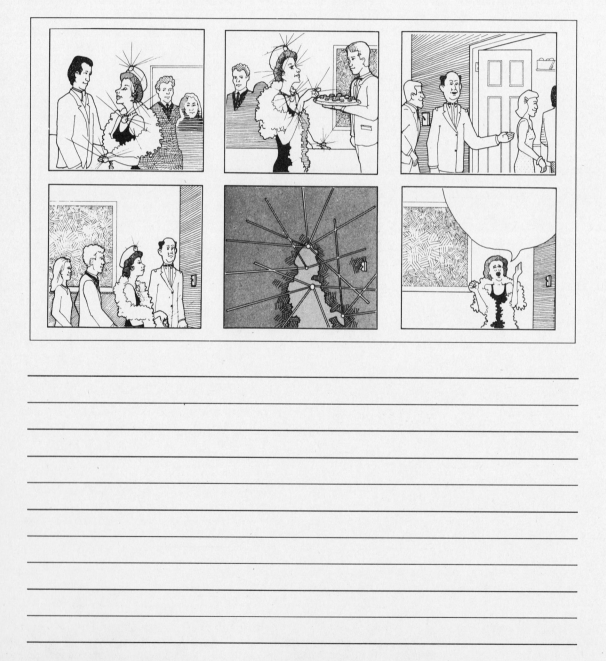

_____

_____

_____

_____

_____

_____

_____

_____

_____

_____

_____

_____

Douzième Leçon
Exercices de laboratoire

A. (oral-écrit) L'imparfait. You will hear sentences in the present tense. State what used to happen by putting each sentence into the imperfect.

◼ Je sais jouer du piano.
Je savais jouer du piano.

1. Ils _____ les canards.

2. _____ vingt étudiants dans ce cours.

3. _____ le dernier jour du mois.

4. Je _____ le laboratoire.

5. Nous _____ toujours sensibles.

6. Il _____ beau.

7. Vous _____ terminer.

8. Je _____ faire cet exercice.

B. (oral) Le passé composé à l'affirmatif. Answer each question you hear in the affirmative.

◼ Avez-vous mangé à midi?
Oui, j'ai mangé à midi.

(Items 1–12)

C. (oral) Le passé composé à l'interrogatif. The following sentences are all answers to questions. Ask the logical question by inverting the pronoun subject and the auxiliary verb **avoir.**

◼ Oui, ils ont lu ce roman.
Ont-ils lu ce roman?

Oui, j'ai frappé à la porte.
Avez-vous frappé à la porte?

(Items 1–6)

D. (oral-écrit)   Le passé composé au négatif.   Respond to the following sentences in the negative by putting **ne** before the auxiliary verb and **pas** after it.

🔲 Nous avons fait les exercices.
Nous n'avons pas fait les exercices.

1. _____ mes devoirs.

2. _____ nos compositions.

3. _____ le gâteau.

4. _____ tout _____.

5. _____ leur voiture.

6. _____ d'erreurs.

7. _____ de café.

E. (oral)   La position de l'adverbe avec le passé composé.   You will hear sentences containing a verb in the present tense followed by an adverb. Restate each sentence in the **passé composé,** placing a short adverb between the auxiliary and the past participle and a longer adverb after the past participle.

🔲 Je parle beaucoup.
J'ai beaucoup parlé.

Il travaille sérieusement.
Il a travaillé sérieusement.

(Items 1–5)

F. (oral-écrit)   L'imparfait et le passé composé.   You will hear a sentence with two verbs in the present tense. Restate the sentence in the past, using the imperfect to express how things were (background situation) and the **passé composé** to express the action that took place.

🔲 J'ai faim, alors j'achète un sandwich.
J'avais faim, alors j'ai acheté un sandwich.

1. Comme _____ dimanche, il _____ des lettres.

2. Je _____ le cinéma, alors je _____ ce film.

3. Comme il _____ beau, nous _____ une promenade.

4. Il _____ du vent, alors j'_____ mon manteau.

5. Elle _____ du lait parce qu'elle _____ le café.

6. Il _____ la réponse, alors il _____ à la question.

G. (oral-écrit) L'imparfait et le passé composé.   Restate the following present tense sentences in the past. Use the **passé composé** with phrases that suggest a sudden occurrence and the imperfect with those that describe the background situation.

◼ J'ai un choc.
J'ai eu un choc.

Il y a une explosion.
Il y a eu une explosion.

Subitement, il veut partir.
Subitement, il a voulu partir.

Tout de suite, je suis malade.
Tout de suite, j'ai été malade.

1. Quand nous _____ à Paris, nous _____ un accident.

2. Soudain, il _____ voir.

3. Subitement, j'_____ le terroriste qu'on _____.

4. J'_____ toujours du courage, mais soudain j'_____ peur.

5. Il _____ beau, mais tout à coup il _____ à pleuvoir.

6. Tout de suite après le repas, j'_____ malade.

H. Compréhension orale.   Circle the words you hear in the following sentences.

1. répondais   répondez

2. il a été   il était

3. elle écoutait   elles écoutaient

4. nous avons   nous avions

5. mettaient   mettez

DICTÉE: Les leçons de la vie

_____

_____

_____

_____

_____

_____

_____

_____

_____

_____

_____

_____

_____

_____

L'histoire tragique d'une petite grenouille française qui voulait devenir aussi grosse qu'un bœuf, *Découverte et Création,* page 263.

La Grenouille qui veut se faire aussi grosse que le bœuf, *Découverte et Création,* page 265.

Échanges, *Découverte et Création,* page 267.

Treizième Leçon
Exercices écrits

A. Récapitulation. Remplacez les tirets par le passé composé ou l'imparfait d'un verbe qui convient.

Quand je (j') _____ petit(e), je (j') _____ tous les

jours. Je _____ beaucoup de choses. Je _____ avec

mes amis, je _____ avec mes parents. Nous _____

souvent au parc et nous _____ ensemble. La vie _____

_____ facile et agréable.

     Maintenant je suis plus âgé(e), mais j'aime encore les mêmes choses. Hier soir, par exemple, je (j')

_____ avec mes amis, et le week-end dernier mes parents et moi nous

_____ . La vie est aussi agréable qu'avant, mais elle est moins facile.

Récemment je (j') _____ une longue composition et lundi soir je (j')

_____ de six heures à deux heures du matin pour préparer un examen de

chimie.

B. Récapitulation. Remplacez les tirets par un pronom objet direct ou indirect approprié.

—Connaissez-vous Michel?

—Oui, je _____ connais parce que nous travaillons ensemble. Mais je _____ parle

    rarement. Quand je _____ vois, il _____ regarde comme s'il ne savait pas qui je suis. Il

    y a beaucoup de gens comme ça dans notre bureau, alors je ne _____ parle pas.

—Oh! Je _____ demande si vous _____ connaissez parce que je _____ aime

    beaucoup. En fait, il est mon fiancé.

C. Le passé composé avec l'auxiliaire *être*. Écrivez ces phrases au passé composé. *[Section 1]*

■ Nous allons dîner chez ma tante.
Nous sommes allé(e)s dîner chez ma tante.

1. Elle vient chez moi.

   _____

2. Tu sors de l'église, Pierre?

   _____

3. Ils arrivent à huit heures moins le quart.

   _____

4. Elles entrent à l'université.

   _____

5. Ils descendent à l'hôtel Hilton.

   _____

6. Ils retournent au commissariat de police.

   _____

7. Je vais au cinéma avec Georges.

   _____

8. Toi et ton frère, vous partez pour l'aéroport.

   _____

9. Nous passons chez vous.

   _____

10. Je reste trois semaines en Grèce.

    _____

D. Le passé composé avec l'auxiliaire *être*. Répondez à ces questions. *[Section 1]*

1. Où est-ce que votre mère est née?

   _____

2. Êtes-vous revenu(e) en classe hier soir?

   _____

3. Qui est mort à la bataille de Little Bighorn?

   _____

4. Êtes-vous tombé(e) dans l'escalier?

   _____

5. Êtes-vous allé(e) en colonie de vacances quand vous étiez petit(e)?

_____

6. Êtes-vous entré(e) dans une église récemment?

_____

7. Êtes-vous monté(e) à cheval la semaine dernière?

_____

8. Êtes-vous sorti(e) avec Michael Jackson?

_____

9. Êtes-vous resté(e) à la maison pour la Saint-Sylvestre?

_____

10. Qui est devenu célèbre cette année?

_____

E. Le passé composé avec l'auxiliaire *avoir* ou *être*. Remplacez les tirets par la forme correcte du verbe **avoir** ou **être**. *[Section 1]*

1. Vous _____ mangé.

2. Je (J') _____ tombé.

3. Il _____ sauté.

4. Nous _____ mis nos chaussures.

5. On _____ devenu fatigués.

6. Tu _____ passé trois heures à l'hôpital.

7. Ils _____ pris l'escalier.

8. Je (J') _____ descendu le Mississippi en bateau.

9. Tu _____ parti trop vite.

10. Tout le monde _____ nagé.

11. Il _____ descendu du train.

12. _____-tu passé par New York?

F. Le passé composé et l'imparfait. Mettez ces phrases au passé. *[Sections 1, 2]*

▌ Normalement je prends l'avion, mais lundi je prends le train.
Normalement je prenais l'avion, mais lundi j'ai pris le train.

1. Nous lisons le journal quand Marie et Leslie arrivent. _____

_____

2. Quand nous lisons le dossier de l'accusée, nous pâlissons.

_____

3. Quand elle sort, il fait mauvais. _____

_____

4. Quand elle entre, tout le monde applaudit. _____

_____

5. Je suis un enfant quand il meurt. _____

_____

6. Nous mangeons quand vous téléphonez. _____

_____

7. Nous allons au restaurant au moment où nous vous rencontrons. _____

_____

8. J'entends cette nouvelle quand j'écoute la radio. _____

_____

G. La place du pronom objet au passé. Récrivez la phrase avec un pronom objet à la place correcte.
[Section 3]

▌ Nous avons mangé le gâteau.
Nous l'avons mangé.

1. Avez-vous arrêté le criminel?

_____

2. J'écoutais mon père chanter.

_____

3. Pourquoi as-tu fumé le cigare?

_____

4. Je parlais à mon patron quand sa femme a téléphoné.

_____

5. Pierre n'a pas fait les devoirs.

_____

6. Ils n'aimaient pas le progrès.

_____

7. A-t-on déjà téléphoné à Jacqueline?

_____

8. Ces enfants n'obéissaient pas à leurs parents.

_____

H. L'accord du participe passé avec l'objet direct. Mettez ces phrases au passé composé. Attention à l'accord du participe passé. *[Sections 3, 4]*

1. Elle le mange. _____

2. Elle les achète. _____

3. Nous lui parlons. _____

4. Tu nous vois. _____

5. Vous la regardez. _____

6. Pierre nous téléphone. _____

7. Vous ne le regardez pas. _____

8. Ils la lisent. _____

I. Récapitulation du passé. Mettez ces deux passages au passé. Mettez les verbes en italique à l'imparfait ou au passé composé.

1. Le Petit Chaperon Rouge *(Little Red Riding Hood)*

Il y *a* une petite fille qui *fait* une promenade dans la forêt pour aller voir sa grand-mère. Elle *a* une corbeille pleine de bonnes choses. Elle ne *sait* pas qu'il y *a* un loup qui la *regarde* et qui *a* faim. Alors, le loup *décide* d'arriver chez la grand-mère avant elle. Quand la petite fille *frappe* à la porte, elle *entre*; et tout à coup, elle *a* peur. Elle *voit* le loup qui *est* dans le lit de sa grand-mère et elle *sait* que ce n'*est* pas sa grand-mère. La petite fille ne *veut* pas être le dîner du loup. Très vite, elle *pense* à une ruse. Elle *commence* à parler au loup. Pendant qu'elle *parle*, elle *prend* le couteau qui *est* dans la corbeille. Avec le couteau, elle *va* tuer le loup. Mais le loup *saute* par la fenêtre et *disparaît* dans la forêt. Morale: Certaines petites filles sont plus intelligentes que d'autres (vérité éternelle).

_____

_____

_____

_____

_____

_____

_____

_____

_____

_____

_____

_____

_____

_____

2. La solitude d'un docteur suisse

Il y *a* un docteur suisse qui *est* très intelligent mais qui *a* des problèmes psychologiques. Alors, il n'*a* pas d'amis. Un jour, il *décide* de créer quelqu'un qui *va* être son ami. Le docteur *va* au cimetière et il *cherche* un bras par-ci et une jambe par-là. Et après quelques heures, il *a* tous les éléments nécessaires pour faire un homme. Alors il *rentre* chez lui et il *commence* à travailler avec enthousiasme. Quand il *finit* de travailler, il *regarde* son nouvel ami et il *voit* que c'*est* un monstre. Mais, hélas! C'*est* trop tard, et le monstre, qui *prend* le nom de son créateur, Frankenstein, *part* de la maison pour aller tuer des gens. Le docteur *reste* sans amis, mais le monstre *arrive* un jour à Hollywood, où il *devient* célèbre.

_____

_____

_____

_____

_____

_____

_____

_____

_____

_____

_____

_____

_____

J. Composition dirigée. Vous faites une demande pour aller en France pour votre troisième année d'études. Écrivez une composition qui décrit votre vie passée (origine, famille, études, travail, etc.). Employez des verbes qui prennent **être** comme auxiliaire au passé composé.

_____

_____

_____

_____

_____

_____

_____

_____

_____

_____

_____

_____

_____

_____

_____

_____

_____

Treizième Leçon

Exercices de laboratoire

A. (oral-écrit) **Le passé composé avec *être*.** You will hear sentences in the present tense. Restate each sentence in the **passé composé,** using the verb **être** as the auxiliary.

◼ Ils vont à l'aéroport.
Ils sont allés à l'aéroport.

1. Je _____ seul dans la rue.

2. Il _____ à l'heure.

3. Nous _____ dans la chambre.

4. Elle _____ après l'accident.

5. Soudain, tu _____ sérieuse, Marie!

6. Nous _____ assez tard.

7. Elles _____ à l'hôtel Hilton.

8. Où _____ ?

B. (oral-écrit) **Le passé composé avec *être* ou *avoir*.** Restate the following sentences in the **passé composé,** using the auxiliary verbs **être** and **avoir** as appropriate.

◼ Bob entre à l'université.
Bob est entré à l'université.

Bob continue ses études.
Bob a continué ses études.

1. Mes parents _____ me voir.

2. Vous _____ la ville.

3. Nous _____ la télévision.

4. _____ à pied, Gail?

5. Je _____ dans la rue!

6. Nous _____ en avion.

C. (oral-écrit)   L'imparfait et le passé composé.   You will hear sentences in the present tense. Restate each sentence in the past, using the **passé composé** to tell what the subject did, and the imperfect to explain why the subject did it.

◼ Nous sortons parce qu'il fait beau.
Nous sommes sortis parce qu'il faisait beau.

1. Ils _____ à la campagne parce que c'_____
trop loin.

2. Nous _____ fatigués, alors nous _____ à la
maison.

3. Comme il _____ beaucoup de bruit, je _____
dans ma chambre.

4. Il _____ chaud, Paul _____ de soif et il

_____ toute la bouteille de bière.

5. L'avion _____ partir quand nous _____ .

D. (oral-écrit)   L'imparfait et le passé composé.   You will hear a series of sentences in the present tense. Restate each sentence in the past, using the context to decide whether each verb is in the imperfect or in the **passé composé.**

◼ Il prend ses affaires et il part.
Il a pris ses affaires et il est parti.

Tous les jours, nous allons au bord de la mer et nous déjeunons.
Tous les jours, nous allions au bord de la mer et nous déjeunions.

Comme il fait mauvais, nous restons à la maison.
Comme il faisait mauvais, nous sommes restés à la maison.

1. Notre aventure _____ un soir où nous _____
chez moi.

2. Quand nous _____ , nous _____ l'homme qui

_____ dans la salle de séjour.

3. Il _____ prendre la télévision, mais j'_____ .

4. Quand il _____ du bruit, il _____ tout de suite!

5. Nous _____ très nerveux, mais nous _____ le

numéro de sa voiture et la direction où elle _____ .

6. Alors, nous _____ à la police qui _____ trop
tard.

E. (oral-écrit)   Les pronoms objets au passé composé.   You will hear a direct or indirect object noun phrase, followed by a complete sentence in the **passé composé.** Restate the sentence, using the appropriate object pronoun.

▮ à mon père / J'ai parlé à mon père.
Je lui ai parlé.

les clés / Il a pris les clés.
Il les a prises.

1. Je _____ .

2. Tu _____ .

3. On _____ .

4. Elle _____ ravis.

5. Vous _____ .

F. (oral)   Les pronoms objets au passé composé.   You will hear a negative sentence, with object pronouns, in the present tense. Restate the sentence in the **passé composé,** placing **ne** before the object pronoun and the auxiliary verb and **pas** after the auxiliary verb.

▮ Je ne vous comprends pas.
Je ne vous ai pas compris(e).

(Items 1–5)

G.   Compréhension orale.   Circle the words you hear in the following sentences.

1. pris   prises

2. montée   monter

3. arrivé   arrivez

4. j'allais   j'avais

5. il est venu   il est devenu

DICTÉE: Un beau voyage

_____

_____

_____

_____

_____

_____

_____

_____

_____

_____

_____

_____

_____

_____

_____

_____

_____

_____

_____

La langue française en Afrique, *Découverte et Création,* page 282.

Échanges, *Découverte et Création,* page 285.

Première Leçon de Révision
Exercices de laboratoire

A. (oral) *C'est, il est, elle est.* You will hear a noun phrase or an adjective. Make a complete sentence by using **c'est** before a noun phrase, and **il est** or **elle est** before an adjective.

◻ une question difficile
C'est une question difficile.

beau
Il est beau.

(Items 1–9)

B. (oral-écrit) *L'adjectif.* You will hear an adjective followed by a sentence. Repeat the sentence, inserting the correct form of the adjective before or after the noun, as appropriate.

◻ intéressant / Ce sont des changements.
Ce sont des changements intéressants.

1. Il a _____.

2. C'est _____.

3. Voici _____.

4. C'est _____.

5. Quels _____!

6. Je te présente _____, Georges.

C. (oral) *Les verbes réguliers.* You will hear a statement. Ask a question to which the statement is a logical answer. Use the inversion form whenever possible.

◻ Oui, je parle français.
Parlez-vous français?

(Items 1–5)

D. (oral) *Quelques verbes irréguliers au présent.* You will now hear a series of short questions. Answer them affirmatively.

◻ Lisez-vous souvent?
Oui, je lis souvent.

(Items 1–8)

E. (oral) **Les pronoms objets directs et indirects.** In each of the following sentences, replace the direct or indirect object with the appropriate pronoun.

▪ Nous regardons la télévision.
Nous la regardons.

(Items 1–6)

F. (oral-écrit) **Les pronoms objets directs et indirects.** Answer the following questions, using the appropriate direct or indirect object pronouns.

▪ M'écoutez-vous?
Oui, je vous écoute.

1. Oui, ils _____ .

2. Non, je _____ .

3. Oui, je _____ .

4. Oui, quand nous dînons au restaurant, le garçon _____ .

5. Non, il _____ .

G. (oral-écrit) **La négation.** Contradict the following statements by restating each in the negative.

1. _____ cuisine.

2. _____ exercices ennuyeux.

3. _____ parents de mon camarade.

4. _____ ma petite nièce.

5. _____ mari de cette dame.

6. _____ disques dans ma chambre.

7. _____ affiche sur ma porte.

8. _____ arbres dans le jardin.

9. _____ fleurs à ma mère.

10. _____ .

H. (oral-écrit)   Le comparatif et le superlatif de l'adjectif et de l'adverbe.

Part One

You will hear parts of a sentence. Make a complete sentence comparing the first item mentioned with the second.

▪ une Rolls-Royce / élégant / une Volkswagen
Une Rolls-Royce est plus élégante qu'une Volkswagen.

1. La Tour Eiffel _____ ma maison.

2. Je _____ Donald Trump.

3. Un Coca-Cola _____ un bon vin.

4. Le professeur parle _____ les étudiants.

5. Nous étudions _____ Jacques.

Part Two

Now give a complete superlative sentence, using the elements you hear.

▪ c'est le professeur / célèbre / l'université
C'est le professeur le plus célèbre de l'université.

6. Ce sont _____ ville.

7. C'est _____ environs.

8. C'est _____ maison.

9. Ce n'est pas _____ monde.

10. C'est le professeur qui parle _____ tous les professeurs.

I. (oral-écrit)   Les expressions avec *avoir*.   Answer each of the following questions in the negative.

▪ Avez-vous faim après le dîner?
Non, je n'ai pas faim après le dîner.

1. Non, je _____ à midi.

2. Non, je _____ en été.

3. Non, il _____ .

4. Non, ils _____ .

5. Non, je _____ quand je prends l'avion.

J. (oral-écrit) **Le partitif.** You will hear a noun phrase, followed by the beginning of a sentence. Give a complete sentence, using the noun phrase with the appropriate article.

▉ le vin

je voudrais	*Je voudrais du vin.*
je ne veux pas	*Je ne veux pas de vin.*
il boit beaucoup	*Il boit beaucoup de vin.*
vous aimez	*Vous aimez le vin.*
vous n'aimez pas	*Vous n'aimez pas le vin.*
il y a une bouteille	*Il y a une bouteille de vin.*

1. le café

Je _____ café.

Je _____ café.

Nous _____ café.

Je _____ café.

Il _____ café.

2. l'imagination

Nous _____ imagination.

Vous _____ imagination.

Vous _____ imagination.

Je _____ imagination.

3. les pommes de terre

Nous _____ pommes de terre.

Nous _____ pommes de terre.

Nous _____ pommes de terre.

Je _____ pommes de terre.

Je _____ pommes de terre.

K. (oral-écrit) **Le passé.** You will hear sentences in the present tense, followed by an expression of time. Change each sentence to a past tense, using either the imperfect or the **passé composé.** Begin each sentence with the expression of time given.

▉ Je lis le journal. / tous les jours
Tous les jours, je lisais le journal.

Il lit ce livre. / la semaine passée
La semaine passée, il a lu ce livre.

1. Ce matin, _____ le bureau.

2. Hier, _____ le premier jour du mois.

3. La semaine dernière, _____ cette annonce.

4. Lundi soir, _____ chez ses amis.

5. Quand j'étais jeune, nous _____ à la campagne.

6. Autrefois, _____ être astronaute.

7. En 1900, _____ voyager en train.

8. Hier soir, _____ au cinéma.

9. La semaine dernière, _____ ici.

10. L'année passée, _____ trente étudiants dans cette classe.

Quatorzième Leçon

Exercices écrits

A. Récapitulation. Remplacez les tirets par un verbe approprié au passé composé ou à l'imparfait.

La Vie de Madame X

Madame X _____ en Floride le 29 février, 1932. Quand elle _____

quatre ans, ses parents _____ une villa sur la côte d'Azur. Alors elle

_____ en France. Son enfance et son adolescence _____ normales:

elle _____ avec les autres enfants, elle _____ au lycée. Mais quand

elle _____ dix-huit ans, elle _____ un monsieur extraordinaire.

C'_____ Monsieur X. Elle l'_____ et il l'_____

aussi. Ils _____ ensemble, ils _____ de nouveaux pays, ils

_____ des gens extraordinaires. Mais il _____ espion, et Madame X

_____ à faire la même sorte de travail. Un jour, Monsieur X _____

un accident et il _____. Alors Madame X, très triste, _____ sa vie

seule.

B. L'impératif. Écrivez les trois formes de l'impératif des verbes suivants. *[Section 1]*

▮ manger   *mange   mangeons   mangez*

1. être   _____   _____   _____

2. finir   _____   _____   _____

3. commencer _____   _____   _____

4. avoir   _____   _____   _____

5. descendre   _____   _____   _____

6. savoir   _____   _____   _____

C.   L'impératif à la forme *tu*.   Écrivez pour votre ami(e) une liste de choses qu'il (elle) a besoin de faire demain. Utilisez l'impératif à la forme **tu**. *[Section 1]*

◨ téléphoner à ses parents
Téléphone à tes parents.

1. faire son lit

   _____

2. aller au supermarché

   _____

3. rendre un livre à la bibliothèque

   _____

4. lire un livre pour son cours de littérature

   _____

5. ne pas oublier d'aller à la banque

   _____

6. choisir un bon vin rouge pour le dîner

   _____

7. dormir bien

   _____

D.   L'impératif avec un pronom.   Écrivez pour votre ami(e) une autre liste de choses qu'il (elle) a besoin de faire. Utilisez l'impératif à la forme **tu** et des pronoms où ils sont nécessaires. *[Section 2]*

◨ Prendre cette liste et la lire plusieurs fois
Prends cette liste et lis-la plusieurs fois.

1. téléphoner à ses parents et leur demander de l'argent

   _____

   _____

2. écrire à son (sa) meilleur(e) aim(e) et l'inviter à venir le (la) voir

   _____

   _____

3. préparer le dîner pour vos amis; les recevoir; leur servir le dîner; ne pas boire trop de vin

   _____

   _____

   _____

   _____

E. L'impératif avec un pronom. Remplacez les mots en italique par le pronom approprié et faites les autres changements nécessaires. *[Section 2]*

■ Ne mange pas *ce gâteau.*   *Ne le mange pas.*
   Répétez *cette question.*   *Répétez-la.*

1. Faites *vos devoirs.* _____

2. Ne parle pas *à cet homme.* _____

3. Ne dites pas *votre nom.* _____

4. Répondez *à l'avocate.* _____

5. Ne mens pas *à Sylvie.* _____

6. Étudions *les mathématiques* ensemble. _____

7. N'écoute pas *les histoires de Jeannette.* _____

8. Envoyez *le contrat* à l'agent. _____

9. Dis *la bonne nouvelle.* _____

10. Obéissons *à nos parents.* _____

F. *Il faut.* Répondez aux questions suivantes. *[Section 3]*

1. Qu'est-ce qu'il faut pour préparer votre dîner favori? _____

_____

2. Qu'est-ce qu'il faut faire avant un examen? _____

_____

3. Qu'est-ce qu'il vous faut pour écrire une composition? _____

_____

4. Qu'est-ce qu'il ne faut pas faire pendant une soirée élégante? _____

_____

5. Quand est-ce qu'il faut dire «merci»? _____

_____

6. Qu'est-ce qu'il va falloir faire ce soir? _____

_____

7. Qu'est-ce qu'il vous fallait le premier jour de classe? _____

_____

8. Quand l'homme préhistorique voulait manger, qu'est-ce qu'il lui fallait faire? _____

_____

G. Les verbes *courir, rire, conduire, ouvrir,* **etc.**   Répondez aux questions suivantes. Pour chaque réponse, employez le verbe de la question dans une phrase complète. *[Section 4]*

1. Souffrez-vous maintenant? _____

_____

2. Quand vous ouvrez les yeux le matin, qu'est-ce que vous voyez? _____

_____

3. Qu'est-ce qu'on vous offre pour votre anniversaire? _____

_____

4. Qu'est-ce que vous faites si vous découvrez un insecte dans votre salade? _____

_____

5. Que fait un interprète ou un traducteur? _____

_____

6. Quand riez-vous? _____

_____

7. Quand courez-vous? _____

_____

8. Souriez-vous souvent? Pourquoi? _____

_____

9. Qui court très vite? (Réponse: _____ et _____ ...) _____

_____

10. Qui ne sourit pas? (Réponse: _____ et _____ ...) _____

_____

11. Qui rit beaucoup? (Réponse: _____ et _____ ...) _____

_____

12. Qui conduit une Rolls-Royce? (Imaginez: _____ et _____ ...) _____

_____

H.   Le passé des verbes *courir, ouvrir,* etc.   Écrivez le texte suivant au passé. Mettez les verbes en italique au passé composé ou à l'imparfait selon le cas. *[Section 4]*

Boucles d'or et les trois ours *(Goldilocks and the Three Bears)*

Un jour une petite fille, qui *fait* une promenade, *voit* une maison. Elle *court* dans la direction de la maison, et quand elle *arrive*, elle *ouvre* la porte. Elle ne *sait* pas que c'est la maison des trois ours, qui ne *sont* pas là.

La petite fille *entre* dans la cuisine mais elle ne *trouve* que le petit déjeuner des trois ours. Elle *sourit* et elle *dit*: Oh! J'ai faim! et elle *mange* tout. Elle *va* dans la salle de séjour et elle *voit* trois chaises. Elle les *essaye* et quand elle *trouve* enfin la chaise la plus confortable, cette chaise *tombe* en morceaux. Elle *monte* dans la chambre et elle *cherche* un lit. Elle *pense* que deux de ces lits ne *sont* pas bons, mais le troisième lui *semble* excellent. Elle *commence* à dormir.

Quand les trois ours *rentrent* à la maison, ils *découvrent* leur maison en désordre. La petite fille *ouvre* les yeux et *voit* les ours. Alors elle *a* peur et elle *disparaît* très vite.

_____

_____

_____

_____

_____

_____

_____

_____

_____

_____

_____

_____

_____

_____

_____

_____

_____

_____

I. *Ne ... que.* Répondez aux questions suivantes en employant **ne ... que.** *[Section 5]*

◼ Avez-vous trois mères?
Non, je n'ai qu'une mère.

1. Mangez-vous onze fois par jour?

_____

2. Écrivez-vous cinq compositions par semaine?

_____

3. Les bébés boivent-ils du lait et de la bière?

_____

4. Y a-t-il neuf continents?

_____

5. Connaissez-vous tous vos cousins?

_____

6. Avez-vous vu tous les états des États-Unis?

_____

7. Qu'est-ce que vous prenez pour le petit déjeuner si vous êtes au régime?

_____

8. Est-ce qu'on fait du ski et du base-ball dans les Alpes en hiver?

_____

9. Dans la famille de Harpo Marx y avait-il Groucho, Beppo, Gummo, Pluto, Dumbo, Harpo, Bozo, Chico, Zeppo et Godot?

_____

J. Composition dirigée.   Employez ce plan de ville pour écrire une petite brochure touristique. Utilisez l'impératif et quelques verbes de la leçon pour suggérer aux touristes des activités amusantes. Inventez des activités qu'on peut faire dans les endroits indiqués.

▮ *Si vous aimez les beaux panoramas, montez en haut de l'ancienne école, boulevard Bonnes Nouvelles. La vue est magnifique. Regardez-la et ...*

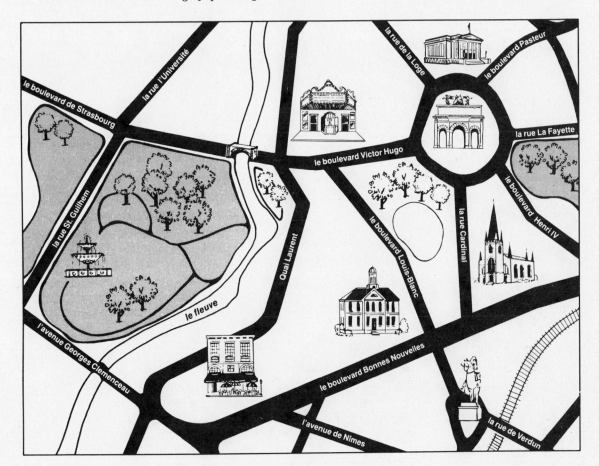

_____

_____

_____

_____

_____

_____

_____

_____

_____

_____

_____

_____

Quatorzième Leçon
Exercices de laboratoire

A. (oral-écrit)   L'impératif.   Tell someone to do or not to do something, using affirmative and negative commands.

▌ Dites-moi de finir.
Finissez.

Dites-moi de ne pas partir.
Ne partez pas.

1. _____ .
2. _____ .
3. _____ .
4. _____ .
5. _____ .
6. _____ un poème.

7. _____ ce vin.
8. _____ méchant.
9. _____ la vérité.
10. _____ raisonnable.
11. _____ .
12. _____ peur.

B. (oral-écrit)   La position du pronom objet dans une phrase impérative.   You will hear affirmative and negative commands with object nouns. Restate each command, using object pronouns according to the examples.

▌ Regardez la télévision.
Regardez-la.

Ne regardez pas la télévision.
Ne la regardez pas.

1. _____ .
2. _____ .
3. _____ .
4. _____ .

5. _____ .
6. _____ .
7. _____ .
8. _____ .

C. (oral-écrit) L'expression *il faut*.   You wil hear statements about what someone needs. Restate each sentence, using the expression **il faut** plus the appropriate article.

◼ On a besoin de vin.
   Il faut du vin.

1. Il faut _____ .

2. Il faut _____ .

3. Il faut _____ .

4. Il faut _____ .

5. Il faut _____ .

D. (oral-écrit) L'expression *il faut*.   You will hear statements telling what different people need. Restate each sentence, using **il faut** with the appropriate indirect object pronoun and the appropriate article.

◼ Vous avez besoin d'un livre.
   Il vous faut un livre.

1. _____ ami.

2. _____ vin.

3. _____ dentifrice.

4. _____ bière.

5. _____ beurre.

6. _____ sucre.

E. (oral) Les verbes comme *courir, rire, conduire* et *ouvrir*.   Answer each question in the affirmative.

◼ Ouvrez-vous la porte?
   Oui, j'ouvre la porte.

(Items 1–10)

F. (oral) L'impératif de certains verbes.   You will hear an infinitive phrase. Give the appropriate command, first with the **vous** form.

◼ ne pas courir trop vite
   Ne courez pas trop vite.

(Items 1–4)

Now with the **tu** form.

◼ finir la phrase
   Finis la phrase.

(Items 5–8)

Now with the **nous** form.

◼ réussir
   Réussissons.

(Items 9–12)

G. (oral) *Ne ... que.*   You will hear sentences with the adverb **seulement**. Restate each sentence with the equivalent expression **ne ... que,** placing **ne** before the verb and **que** after it.

◼ J'ai seulement un frère.
Je n'ai qu'un frère.

(Items 1–6)

H. Compréhension orale.   Circle the words you hear in the following sentences.

1. de papier   du papier

2. ne faites pas   ne faites que

3. souffrons   souffrions

4. ayez   essayez

5. offert   ouvert

DICTÉE: Le métro

_____

_____

_____

_____

_____

_____

_____

_____

_____

_____

Évitons la circulation: Prenons le métro, Découverte et Création, page 302.

Échanges, Découverte et Création, page 305.

Quinzième Leçon
Exercices écrits

A. Récapitulation. Transformez chaque phrase en une phrase équivalente. Utilisez des verbes ou des expressions verbales choisis de la liste suivante:

aller voir	**avoir envie de**	**offrir**
il faut	**il paraît que**	**jouer**
ne ... que	**prendre le déjeuner**	**sortir**

■ Veux-tu dîner chez moi?
As-tu envie de dîner chez moi?

1. Nous avons rendu visite à notre tante.

_____

2. Le Père Noël apparaît seulement une fois par an.

_____

3. Nous avons besoin de vitamines.

_____

4. Les Français déjeunent à midi.

_____

5. Tu as fait de la guitare.

_____

6. Vous quittez la salle.

_____

7. Qu'est-ce que tu as donné à ta mère pour son anniversaire?

_____

8. On dit que l'eau minérale est bonne pour la santé.

_____

B. Récapitulation.   Remplacez les tirets par l'expression **il faut** plus un verbe à l'infinitif ou par l'impératif d'un verbe approprié.

Les bonnes manières

1. Quand on vous présente à quelqu'un que vous ne connaissez pas:

   _____ sympathique.

   _____ le nom de la personne!

   _____ dire «Je suis heureux (heureuse) de vous connaître».

2. Quand on vous donne un cadeau:

   _____ le cadeau.

   _____ pas de dire «merci».

3. Quand on vous invite à danser:

   _____ «Ça m'est égal».

   _____ pas sur les pieds de votre partenaire.

4. Quand vous dînez à la maison d'un(e) ami(e).

   _____ d'aider votre ami(e) à servir le dîner.

   _____ tout votre dîner.

   _____ pas trop de vin.

   Si votre ami(e) n'est pas un chef extraordinaire, ne le _____ pas.

C. Les pronoms _y, lui_ et _leur_.   Répondez aux questions suivantes. Dans votre réponse, utilisez le pronom approprié: **y, lui** ou **leur.** *[Section 1]*

1. Voulez-vous parler au président?

   _____

2. Répondez-vous aux lettres de vos amis?

   _____

3. Téléphonez-vous à vos professeurs?

   _____

4. Aimez-vous danser sur les tables?

   _____

5. Avez-vous envie d'aller chez votre grand-mère?

   _____

6. Avez-vous dîné dans votre chambre hier soir?

   _____

7. Êtes-vous allé(e) à votre cours de français dimanche dernier?

_____

8. Avez-vous écrit à vos parents récemment?

_____

D. Les pronoms *y* et *en*. Remplacez les mots en italique par **y** ou **en**. *[Sections 1, 2]*

▣ Ils ne fument pas *de cigarettes* dans la maison.
Ils n'en fument pas dans la maison.

Marcia fait un voyage *au Brésil*.
Marcia y fait un voyage.

1. Un crocodile a beaucoup *de dents*.

_____

2. Adélaïde n'a pas mis de saccharine *dans le thé de Dagobert*.

_____

3. Elle a mis *de l'arsenic* dans son thé.

_____

4. Cette interprète comprend dix-sept *langues!*

_____

5. Avez-vous assez *de sel?*

_____

6. Je veux vivre *à Dallas*.

_____

E. Le pronom *en*. Inventez des questions qui correspondent aux réponses suivantes. N'utilisez pas **en** dans les questions. *[Section 2]*

▣ J'en ai deux.
Combien de frères avez-vous?

1. Il y en a une.

_____

2. Non, je n'en connais pas.

_____

3. Oui, il en a trop bu.

_____

4. Naturellement, j'en ai peur.

_____

5. Oui, naturellement nous allons en parler.

_____

6. Mais non! Vous ne pouvez pas en avoir.

_____

F. L'impératif avec les pronoms _y_ et _en_. Récrivez la phrase. Remplacez les mots en italique par y ou en. *[Sections 1, 2]*

◼ Allez en Italie.
  Allez-y.

1. Va *à la plage*.

_____

2. Prenez *des vitamines*.

_____

3. Ne racontez pas trop *d'histoires*.

_____

4. Étudiez *dans votre chambre*.

_____

5. Ayez *du courage*.

_____

6. Mange *au restaurant*.

_____

7. N'obéissez pas *à ces ordres*.

_____

8. Faisons trois *grands voyages*.

_____

9. Réponds *à ma question*.

_____

10. Ne buvons pas beaucoup *de café*.

_____

G. Les pronoms disjoints. Vous regardez un album de photos avec votre mère. Elle identifie les personnes sur les photos. Écrivez votre réponse, selon le modèle. *[Section 3]*

◼ Tiens! C'est toi et ta sœur chez grand-mère!
  Oui, c'est nous.

1. C'est Christiane quand elle était en colonie de vacances!

_____

2. Est-ce que c'est toi sur le cheval?

_____

3. Ce jeune couple à gauche, c'est papa et moi.

_____

4. C'est probablement moi avec le grand chapeau.

_____

5. Je crois que c'est l'oncle Henri et sa femme.

_____

6. Et voici une photo de tante Eulalie et sa fille Martine.

_____

H. Les pronoms disjoints.   Répondez aux questions suivantes. Remplacez les mots en italique par le pronom disjoint approprié. *[Section 3]*

◼ Qui était le président avant *Bush?*
Reagan était le président avant lui.

1. Qui était à côté de *vous* pendant votre dernière classe de français?

_____

2. Ginger Rogers dansait-elle avec *Fred Astaire?*

_____

3. Combien de personnes y a-t-il actuellement chez *vos parents?*

_____

4. Qui fait la cuisine pour *vous et vos parents* le jour de Thanksgiving?

_____

5. Quel âge aviez-vous quand vous êtes allé(e) à l'école sans *votre maman* pour la première fois?

_____

I. La possession: *être a ... .*   Répondez. *[Section 3]*

1. À qui est le palais de Buckingham?

_____

2. À qui est la voiture que vous utilisez le plus souvent?

_____

3. La Maison Blanche est-elle au Président?

_____

4. À qui sont vos clés?

_____

5. À qui est la maison où vous habitez?

_____

J. Les pronoms. Répondez aux questions suivantes et remplacez les mots en italique par un pronom approprié. Attention: Il y a toutes sortes de pronoms possibles dans cet exercice. *[Sections 1, 2, 3]*

1. Avez-vous beaucoup *d'imagination* quand vous écrivez?

   _____

2. Aimez-vous étudier *chez vous?*

   _____

3. Quand allez-vous voir *vos parents?*

   _____

4. Parlez-vous *à votre professeur de français* le dimanche?

   _____

5. Quand il y a du soleil, aimez-vous aller *à la plage?*

   _____

6. Écoutez-vous généralement *vos amis* quand ils vous parlent?

   _____

7. Avez-vous envie de connaître *la Russie?*

   _____

8. Avez-vous *des problèmes* avec *votre camarade de chambre?*

   _____

K. *Penser à* **et** *penser de.* Inventez une question logique avec le verbe **penser** pour chaque réponse. Puis récrivez la question avec **y, en** ou un pronom disjoint. *[Section 4]*

◼ Je trouve que c'est une ville magnifique.
   Que pensez-vous de Paris? Qu'en pensez-vous?

1. Oui, très souvent, surtout quand je regarde mon album de photos.

   _____

2. Je trouve qu'il a l'air snob.

   _____

3. Non, pas du tout. Je n'y pense pas. Je réfléchis à mon examen de biologie.

   _____

4. Elle est très intelligente, mais pas très sociable.

   _____

5. C'est un sport que je trouve ennuyeux.

_____

L. Les verbes *croire*, *vivre* et *suivre*. Complétez chaque phrase. Employez une forme du verbe **croire, vivre** ou **suivre.** *[Section 5]*

■ Vous dites que le soleil tourne autour de la terre, mais je ...
je ne vous crois pas.

1. Pauline et Odette habitent en Belgique, mais nous ...

_____

2. Les explications du livre sont très claires; je ...

_____

3. Quand mon oncle m'a dit qu'il n'y avait pas de Père Noël, je ...

_____

4. L'émission *Dallas* à la télé a une histoire très compliquée; je ...

_____

5. Si on ne respire pas, on ...

_____

M. Composition dirigée. Racontez l'histoire indiquée par un des deux dessins ou par les deux ensemble. Employez des pronoms disjoints, **y, en** et d'autres structures de la leçon.

_____

_____

_____

_____

_____

_____

_____

_____

_____

_____

_____

_____

_____

_____

_____

Quinzième Leçon
Exercices de laboratoire

A. (oral-écrit)   Le pronom *y*.   The following sentences contain a prepositional phrase of place. Restate each sentence, replacing the prepositional phrase with the pronoun **y.**

▪ Je vais à la plage.
J'y vais.

1. (dans la classe) J'_____.

2. (à Londres) Il _____.

3. (en France) Nous _____ des cousins.

4. (dans ce petit restaurant) Nous _____.

5. (sur la table) J'_____ le vase.

6. (derrière le magasin) Le marchand _____ le voleur.

B. (oral-écrit)   Le pronom *en*.   You will hear a series of sentences with noun phrases preceded by **de.** Restate each sentence, using the pronoun **en.**

▪ J'ai beaucoup d'amis.
J'en ai beaucoup.

Il a deux chiens.
Il en a deux.

1. (beaucoup de travail) J'_____.

2. (de voyager) Il _____.

3. (des incendies) _____?

4. (d'argent) Tu _____.

5. (trois sœurs) Robert _____.

6. (beaucoup de chèques) Elle _____.

7. (des baguettes) Ils _____.

C. (oral) *Y ou en* **dans des phrases impératives affirmatives.** You will hear a series of commands with prepositional phrases or noun phrases preceded by **de.** Restate the command, using the appropriate pronoun, **y** or **en.**

▣ Entrez dans ma chambre.
Entrez-y.

Prenez une tasse de café.
Prenez-en une.

Va au tableau.
Vas-y.

Parle de ton voyage.
Parles-en.

(Items 1–8)

D. (oral-écrit) *Y ou en* **dans des phrases impératives négatives.** You will hear a series of negative commands. Restate each command, using the appropriate pronoun, **y** or **en.**

▣ N'allez pas à ce marché.
N'y allez pas.

Ne mangez pas beaucoup de gâteaux.
N'en mangez pas beaucoup.

1. (à l'épicerie) _____.

2. (trop de vin) _____.

3. (de vos problèmes) _____.

4. (en ville) _____.

5. (à cette question) _____.

E. (oral) **Les pronoms disjoints.** You will hear a sentence. Stress the importance of the subject of the sentence by using a disjunctive pronoun.

▣ Je n'aime pas les tempêtes, mais il les aime.
Moi, je n'aime pas les tempêtes, mais lui, il les aime.

(Items 1–6)

F. (oral-écrit) **Un pronom après une préposition.** You will hear sentences with prepositional phrases. Restate each sentence, replacing the noun with a disjunctive pronoun.

▣ Il est derrière Catherine.
Il est derrière elle.

1. Nous arrivons avant _____.   4. Il rentre chez _____.

2. Je pars avec _____.   5. Nous dînons sans _____.

3. Il fait ce travail pour _____.   6. Elle est assise à côté d'_____.

NOM _____ DATE _____

G. (oral-écrit) *Penser à* **avec une chose ou une personne.** You will hear sentences with the verb **penser.** Restate each sentence, using the pronoun **y** to refer to things or ideas, and a disjunctive pronoun to refer to people.

> ◼ Je pense à mes vacances.
> *J'y pense.*
>
> Je pense à ma mère.
> *Je pense à elle.*

1. Nous _____ .   4. Je _____ .

2. Vous _____ .   5. Nous _____ .

3. Ils _____ .   6. Elle _____ .

H. (oral-écrit) **Les verbes** *croire, vivre* **et** *suivre.* Answer the following questions in the negative.

> ◼ Suivez-vous les fluctuations de Wall Street?
> *Non, je ne suis pas les fluctuations de Wall Street.*

1. Non, ils _____ de cours à mon université.

2. Non, 1927 _____ 1929.

3. Non, ils _____ plus longtemps que les gens calmes.

4. Non, je _____ mieux que les gens riches.

5. Non, il _____ mon histoire.

6. Non, vous _____ .

I. Compréhension orale. Circle the words you hear in the following sentences.

1. sont   ont

2. d'eux   à eux

3. je suis allé   j'y suis allé

4. Jean a pris   j'en ai pris

5. il vit   ils vivent

Copyright © 1990 by Houghton Mifflin Company. All rights reserved.   LEÇON 15   173

DICTÉE: Les supermarchés français

_____

_____

_____

_____

_____

_____

_____

_____

_____

_____

_____

Deux générations, deux systèmes, Découverte et Création, page 325.

Échanges, Découverte et Création, page 329.

Seizième Leçon

Exercices écrits

A. Récapitulation. Remplacez les tirets par les mots appropriés. Attention: Il faut des noms et des pronoms.

LISA: Allô, est-ce que Suzanne est là? Je désire _____ parler.

JULIE: Ah, non. Elle est à la _____ où elle étudie pour son examen de

_____ demain.

LISA: En effet, je veux étudier avec _____ ce soir. Est-ce que je peux

_____ trouver à la _____?

JULIE: Probablement pas. Il y a trop de _____. Mais viens ici. Suzanne va revenir pour

le dîner. Veux-tu dîner chez _____?

LISA: D'accord. C'est très gentil. Alors, je vais vous apporter une bouteille de _____.

B. Récapitulation. Écrivez les phrases suivantes à la forme négative.

1. Tarzan a besoin d'une maison.

_____

2. J'ai mangé une pomme.

_____

3. Vous êtes une personne malhonnête.

_____

4. Donnez-moi du pain.

_____

5. Ils voulaient des œufs.

_____

6. Offre-nous de l'eau.

_____

7. Il faut du poivre dans ce sandwich.

_____

8. Dites-lui la vérité.

_____

9. On va leur apporter du chocolat.

_____

10. En France on prend des céréales au petit déjeuner.

_____

C. _Parce que_ **et** _à cause de_. Répondez aux questions suivantes avec **à cause de** ou **parce que** selon les mots donnés. _[Section 1]_

▣ Pourquoi ne mange-t-on pas beaucoup? (son régime)
On ne mange pas beaucoup à cause de son régime.

Pourquoi n'achète-t-on pas de voiture? (ne pas avoir d'argent)
On n'achète pas de voiture parce qu'on n'a pas d'argent.

1. Pourquoi pleure-t-on? (être triste)

_____

2. Pourquoi téléphonent-ils au garage? (leur accident)

_____

3. Pourquoi court-elle chaque jour? (vouloir être en forme)

_____

4. Pourquoi allez-vous à la banque? (avoir besoin d'argent)

_____

5. Pourquoi détestez-vous cette ville? (la circulation)

_____

D. **Les négations autres que** _ne ... pas_. Écrivez la négation de chaque phrase. _[Section 2]_

1. Nous avons suivi quelqu'un.

_____

2. Indiana Jones a peur de quelque chose.

_____

3. Il y a encore des dinosaures.

_____

4. J'ai déjà terminé cet exercice.

_____

5. Marc veut boire du vin et de l'eau.

_____

E.   Les négations autres que *ne ... pas*.   Remplacez les tirets par les mots appropriés: **ne ... jamais, personne, rien, nulle part, plus, pas encore, aucun(-e), ni ... ni ...** . *[Section 2]*

▐ Je ___*ne*___ suis ___*jamais*___ allé en Alaska.

1. Les fourmis _____ ont _____ mangé au pique-nique.

2. _____ veut dormir dans la salle de bains.

3. Silence! Tu as déjà trop parlé. _____ parle _____!

4. Nous voulons aller au concert mais nous _____ avons _____ acheté nos billets. Il faut le faire toute de suite.

5. Quel snob! Il _____ veut _____ connaître _____ rencontrer les bourgeois. Il ne parle qu'aux aristocrates.

6. Dans une soireé chic on _____ met _____ les pieds sur la table.

7. _____ question _____ est bête.

8. Je reste à la maison. Je _____ vais _____.

9. Ronald Reagan _____ est _____ président.

10. C'est un secret. _____ dites _____ à _____!

F.   Les négations autres que *ne ... pas*.   Écrivez une question, et puis écrivez une réponse avec l'expression donnée. *[Section 2]*

▐ ne ... personne   *Y a-t-il quelqu'un sous votre lit?*
                          Non, il n'y a personne sous mon lit.

1. ne ... jamais _____

_____

2. ne ... plus _____

_____

3. ne ... aucun(e) _____

_____

4. rien ... ne _____

_____

5. ne ... personne _____

_____

6. ni ... ni ... ne ... _____

_____

7. ne ... pas encore _____

_____

8. ne ... nulle part _____

_____

G.   Les pronoms indéfinis *quelque chose, rien, quelqu'un* **et** *personne.*   Remplacez les tirets avec **à** ou **de.** *[Section 3]*

1. C'est quelqu'un _____ remarquable.

2. Je ne vois rien _____ manger.

3. Elle ne connaît personne _____ inviter.

4. Dites-moi quelque chose _____ intéressant.

5. Nous avons quelqu'un _____ important _____ voir.

H.   Les pronoms indéfinis *quelque chose, rien, quelqu'un* **et** *personne.*   Répondez aux questions suivantes. Pour chaque réponse, écrivez deux phrases pour l'expliquer. *[Section 3]*

▮ Connaissez-vous quelqu'un d'intelligent?
Oui, mon camarade de chambre est quelqu'un de très intelligent.
Il sait beaucoup de choses. Il a des idées originales et intéressantes.

1. Connaissez-vous quelqu'un de génial? _____

_____

_____

2. Avez-vous fait quelque chose de remarquable? _____

_____

_____

3. Voulez-vous quelque chose à boire maintenant? _____

_____

_____

4. Pourquoi êtes-vous quelqu'un d'intéressant à connaître? _____

_____

_____

I. *Avant et après.* Formez une phase avec **avant de** + infinitif. Ensuite formez une autre phrase avec **après** + infinitif passé. *[Section 4]*

▶ Nous dînons, et puis nous faisons la vaisselle.
Avant de faire la vaisselle, nous dînons.
Après avoir dîné, nous faisons la vaisselle.

1. J'écris la lettre, ensuite je l'envoie.

_____

_____

2. Julie a mis son manteau, et elle est sortie.

_____

_____

3. Vous allez arriver, et vous allez dire bonjour.

_____

_____

4. On étudie, ensuite on passe un examen.

_____

_____

5. Je vais étudier, et puis je vais faire une promenade.

_____

_____

J. *Avant et après.* Dans les phrases suivantes, remplacez les mots en italique par un verbe approprié. Employez **avant de** + infinitif ou **après** + infinitif passé. *[Section 4]*

▶ Balzac a beaucoup publié avant *sa mort.*
Balzac a beaucoup publié avant de mourir.

1. Avant *son départ* en avion, un parachutiste veut être sûr que tout va bien.

_____

_____

2. Après *leur divorce*, ils sont devenus amis.

_____

_____

3. Billy Joel a joué dans de petits bars avant *sa réussite (son succès).*

_____

_____

4. Vous allez embrasser tout le monde après *votre arrivée*.

_____

_____

5. Avant *le dîner* tout le monde avait faim. Mais après *le dîner* on était très satisfait.

_____

_____

K.   Composition dirigée.   Vous avez une dispute avec un(e) ami(e) qui contredit chaque chose que vous dites. Écrivez la conversation, une douzaine de phrases. Employez les expressions négatives de la leçon et, peut-être, d'autres structures de la leçon.

■ —*Je te donne toujours tout. —Non, tu ne me donnes jamais rien.*

_____
_____
_____
_____
_____
_____
_____
_____
_____
_____
_____

Seizième Leçon
Exercices de laboratoire

A. (oral) *Parce que* et *à cause de*.   You will hear two phrases. Combine them into one sentence, using **parce que** before a subject and a verb or **à cause de** before a noun.

◼ je suis en retard / la neige
Je suis en retard à cause de la neige.

j'ai mal / je suis tombé
J'ai mal parce que je suis tombé.

(Items 1–6)

B. (oral-écrit)   **Les négations autres que** *ne ... pas*.   Contradict each sentence you hear, using the appropriate negative expression.

◼ Je vais partout.
Je ne vais nulle part.

1. Christian _____ trop.

2. Nous _____ dîné ici.

3. Elle _____ jeune.

4. Je _____ le poème.

5. Nous _____ ce soir.

6. _____ absent mardi.

7. Nous _____.

8. Il _____.

9. Je _____ livre.

10. Nous _____ en Europe.

11. Elle _____ chats _____ chiens.

12. Il _____ viande _____ poisson.

C. (oral) *Quelque chose* ou *quelqu'un* + *de* + **adjectif.** You will hear sentences describing a person or a thing. Restate each sentence, using **quelque chose de** or **quelqu'un de,** plus an adjective.

▮ Son histoire est drôle.
C'est quelque chose de drôle.

Le professeur est superstitieux.
C'est quelqu'un de superstitieux.

(Items 1–5)

D. (oral) *Quelque chose* ou *quelqu'un* + *à* + **infinitif.** Restate each sentence you hear, using **quelque chose à** or **quelqu'un à** plus infinitive.

▮ J'invite quelqu'un.
J'ai quelqu'un à inviter.

Je fais quelque chose.
J'ai quelque chose à faire.

(Items 1–5)

E. (oral-écrit) *Ne ... personne* et *ne ... rien.* Contradict each sentence you hear by using the expression **ne ... personne** or **ne ... rien.**

▮ J'ai quelqu'un à voir.
Je n'ai personne à voir.

Il y a quelque chose à manger.
Il n'y a rien à manger.

1. Il _____ voir.

2. Il _____ voir.

3. Vous _____ étudier.

4. Vous _____ étudier.

5. Ils _____ lire.

6. Ils _____ lire.

F. (oral-écrit) *Avant de.* You will hear pairs of sentences. Indicate the order in which the activities take place by using the preposition **avant de** plus an infinitive.

▮ Je vais à mon cours. J'arrive à l'université.
Avant d'aller à mon cours, j'arrive à l'université.

1. _____, je dis au revoir.

2. _____, nous faisons la cuisine.

3. _____, elle fait ses études.

4. _____, il a pris rendez-vous.

5. _____, nous avons dîné.

6. _____, j'ai fini mes devoirs.

G. (oral-écrit) *Après.*   You will hear pairs of sentences. Indicate the order in which the activities occur by using the word **après** with **être** or **avoir** plus a past participle.

◻ J'arrive à l'université. Je vais en classe.
   Après être arrivé à l'université, je vais en classe.

1. _____, nous dormons.

2. _____, ils ont fait la vaisselle.

3. _____, j'ai étudié.

4. _____, vous prenez l'avion.

5. _____, tu as bien réussi.

H. Compréhension orale.   In your lab manual, circle the words you hear in the following sentences.

1. nous n'avons vu personne   nous avons vu une personne

2. être parti   de partir

3. danser   dansé

4. tu es plus jeune   tu n'es plus jeune

5. du vin, du Coca-Cola   ni vin ni Coca-Cola

DICTÉE: Dimanche dernier

_____

_____

_____

_____

_____

_____

_____

_____

_____

_____

_____

_____

_____

_____

En France, n'offrez jamais de chrysanthèmes, Découverte et Création, page 348.

Échanges, Découverte et Création, page 351.

Dix-septième Leçon
Exercices écrits

A. Récapitulation. Remplacez les tirets par une expression négative, un infinitif ou un infinitif passé.

Le robot

Je suis votre nouveau robot. Je _____ suis _____ masculin

_____ féminin. Je _____ ai _____ émotion

humaine: je _____ aime _____; je _____ déteste

_____. Je peux faire beaucoup de choses pour vous. Le matin, avant de

_____, donnez-moi des ordres pour la journée. Je _____ refuse

_____ d'obéir. Après _____ des ordres, je vais commencer

immédiatement à travailler. Vous _____ allez _____ avoir

_____ problème avec moi.

B. Les verbes pronominaux: principe et conjugaison. Répondez à ces questions. *[Section 1]*

1. Vous levez-vous quand le professeur entre dans la classe?

   _____

2. Dans quelle pièce vous lavez-vous?

   _____

3. Vous regardez-vous souvent dans le miroir?

   _____

4. Où vous couchez-vous?

   _____

5. Quand vous étiez très jeune, à quelle heure vous réveilliez-vous le dimanche?

   _____

6. À quelle heure vos parents se levaient-ils le dimanche?

   _____

7. Est-ce qu'un bébé se couche tôt?

_____

8. Est-ce que votre professeur s'habille bien?

_____

C.   La forme pronominale à sens réfléchi.   Répondez aux questions suivantes. *[Section 2]*

1. Combien de fois par jour vous brossez-vous les cheveux?

_____

2. Vous lavez-vous souvent les pieds?

_____

3. Avec quoi vous peignez-vous?

_____

4. Vous rasez-vous la barbe quand vous aviez treize ans?

_____

5. Vous brossez-vous les dents après chaque repas?

_____

D.   La forme pronominale à sens réciproque.   Employez la forme pronominale à sens réciproque pour aider à raconter cette histoire. Quelques verbes possibles: **se voir, s'aimer, s'adorer, s'embrasser, se promettre, se dire.** *[Section 3]*

Une histoire d'amour

Un jour Cléopâtre et César sont à une soirée. Ils _____ pour la première fois et

tout d'un coup ils _____. Cléopâtre dit à César: «Quand nous

_____ je suis si heureuse que je ne peux pas le croire.» Ils

_____ de passer le reste de leur vie ensemble. Ils

_____ l'un à l'autre: «Nous _____ maintenant et

pour toujours.»

E.   La forme pronominale à sens idiomatique.   Exprimez les phrases suivantes avec des verbes pronominaux qui ont le même sens. *[Section 4]*

▣ Nous passons le temps très agréablement.
   Nous nous amusons.

1. Il n'a rien d'intéressant à faire.

_____

2. Je ne me rappelle pas votre nom.

_____

3. Pourquoi deviens-tu furieux?

_____

4. J'emploie ce stylo.

_____

5. Il ne part pas.

_____

6. Il se met sur une chaise.

_____

7. Je suis déprimée aujourd'hui.

_____

8. Est-ce que tu découvres enfin mes difficultés?

_____

9. Qu'est-ce qui arrive ce soir?

_____

10. J'ai un bon rapport avec Philippe.

_____

11. Ne parle pas!

_____

12. Tu n'as pas raison.

_____

F. La forme pronominale à sens passif. Remplacez les tirets par un verbe à la forme pronominale à sens passif. *[Section 5]*

1. On dit «la fin de semaine» au Canada, mais «le week-end» _____ en France.

2. L'auto-stop _____ beaucoup en France.

3. Le chinois et le japonais _____ à San Francisco.

4. Le champagne _____ souvent à un mariage.

5. Les tee-shirts _____ à beaucoup de concerts pour les jeunes.

6. Beaucoup de ruines romaines _____ dans le sud de la France.

G. L'impératif des verbes pronominaux. Ordonnez à quelqu'un de faire les choses indiquées. *[Section 6]*

■ de se réveiller / ami   *Réveille-toi!*

1. de se lever / enfant _____

2. de ne pas s'endormir / mère _____

3. de se souvenir de la date / deux amis _____

4. de ne pas se coucher déjà / votre mari (femme) _____

5. de se reposer / nous _____

6. de ne pas se marier avec Jules / une amie _____

7. de s'amuser / votre professeur _____

8. de ne pas se disputer / deux enfants _____

9. de se brosser les dents / votre petit frère _____

10. de ne pas se fatiguer / votre grand-mère _____

H. Le passé des verbes pronominaux. Écrivez le texte suivant au passé. Mettez les verbes en italique au passé composé ou à l'imparfait selon le cas. *[Section 7]*

My Fair Lady

Eliza Doolittle *vend* des fleurs à Londres. Elle n'*est* ni riche ni chic. Le professeur Higgins, expert en phonétique, la *voit* un jour et l'*invite* chez lui pour lui apprendre à parler comme une dame bien élevée *(well-bred)*. Eliza *va* chez le professeur. Chaque jour elle *se lève* et puis elle *se dépêche* de travailler. Après plusieurs mois, le professeur Higgins *invente* un test pour mesurer son succès: Eliza *s'habille* élégamment, et ils *vont* ensemble à un bal où *se trouvent* beaucoup d'aristocrates. Le professeur la *présente* et *dit* que *c'est* une duchesse. Personne ne *sait* la véritable origine d'Eliza. Eliza *se fâche* à cause de l'égoïsme du professeur. Elle *s'en va* pour se marier avec un garçon qui l'*aime*. Pourtant Eliza *décide* de ne pas se marier avec le garçon, parce qu'elle *aime* bien le professeur. Alors elle *revient* chez lui.

_____

_____

_____

_____

_____

_____

_____

_____

_____

_____

_____

_____

_____

_____

_____

_____

_____

I. L'infinitif des verbes pronominaux avec *avant de*.   Qu'est-ce que vous avez fait hier soir avant de vous endormir? Écrivez cinq phrases avec **avant de** + infinitif. *[Section 8]*

▮ *Avant de m'endormir, je me suis couché. Avant de me coucher, ...*

_____

_____

_____

_____

_____

J. Les verbes pronominaux avec *après*.   Qu'est-ce que vous allez faire demain matin après vous être réveillé(e)? Écrivez cinq phrases avec **après** + infinitif passé. *[Section 8]*

▮ *Après m'être réveillé(e), je vais me lever. Après m'être levé(e), ...*

_____

_____

_____

_____

_____

K. Composition dirigée. Décrivez au passé les activités de Christiane hier. Décrivez non seulement les activités illustrées, mais aussi les choses qu'elle a faites pendant le reste de sa journée. Employez beaucoup de verbes pronominaux.

_____

_____

_____

_____

_____

_____

_____

_____

_____

_____

_____

_____

_____

_____

Dix-septième Leçon
Exercices de laboratoire

A. (oral) La conjugaison des verbes pronominaux. You will hear the infinitive of a reflexive verb followed by a subject pronoun. Give the present-tense form of the verb with that pronoun.

◨ se reposer
je
Je me repose.

nous
Nous nous reposons.

vous
Vous vous reposez.

(Items 1–3)

B. (oral) Les verbes pronominaux à la forme impérative. In response to the sentence you hear, give the command form of the reflexive verb.

◨ Dites-moi de me regarder.
Regardez-vous!

Dites-moi de me dépêcher.
Dépêchez-vous!

Dites-nous de nous lever.
Levez-vous!

(Items 1–5)

C. (oral) Les verbes pronominaux à la forme impérative négative. In response to the instruction you hear, give a command in the negative.

◨ Dites-moi de ne pas m'endormir.
Ne vous endormez pas!

Dites-nous de ne pas nous fâcher.
Ne vous fâchez pas!

(Items 1–7)

D. (oral)   Les verbes pronominaux à la forme négative.   You will hear a series of sentences. Contradict each one by restating it in the negative.

> ◧ Nous nous disputons souvent.
> *Nous ne nous disputons pas souvent.*
>
> Je me suis levé.
> *Je ne me suis pas levé.*

(Items 1–8)

E. (oral)   Les verbes pronominaux à la forme interrogative.   You will hear statements in the present tense or in the **passé composé.** Use inversion to change each one into a question.

> ◧ Ils se parlent.
> *Se parlent-ils?*
>
> Il s'est amusé.
> *S'est-il amusé?*

(Items 1–10)

F. (oral-écrit)   Le passé composé des verbes pronominaux.   You will hear sentences in the present tense with reflexive verbs. Restate each sentence in the **passé composé,** using **être** as the auxiliary verb.

> ◧ Elles s'habillent.
> *Elles se sont habillées.*

1. Je _____ à neuf heures.

2. Nous _____ dans la forêt.

3. Je _____ très tôt.

4. Il _____ dimanche.

5. Ils _____ souvent _____.

6. Elle _____ avec ses amis.

G. (oral-écrit)   Verbe + verbe pronominal.   You will hear two clauses. Combine them into one sentence by using the infinitive form of the reflexive verb.

> ◧ je me lave / je vais
> *Je vais me laver.*

1. Je veux _____.

2. Il faut _____.

3. Je vais _____.

4. Nous pouvons _____.

5. Nous avons besoin de _____.

H. (oral-écrit) *Avant de* **+ un verbe pronominal.** You will hear two clauses. Combine them into one sentence by using the expression **avant de** plus the infinitive form of the reflexive verb.

▐ Je me lave. Je m'habille.
Je me lave avant de m'habiller.

1. Elle dit au revoir _____.

2. Je lis un peu _____.

3. Il s'est lavé le visage _____.

4. On parle beaucoup _____.

5. Je me suis réveillé _____.

I. (oral-écrit) *Après* **+ un verbe pronominal.** You will hear pairs of sentences. Indicate the order in which the events occurred, beginning with the word **après** and using the past infinitive of the reflexive verb.

▐ Je me prépare. Je vais à mes cours.
Après m'être préparé, je vais à mes cours.

1. _____, nous partons.

2. _____, elle s'est couchée.

3. _____, vous sortez.

4. _____, je l'ai regretté.

5. _____, on s'endort.

J. Compréhension orale. Circle the words you hear in the following sentences.

1. réveille   rêver

2. lavé   lavés

3. vous discutez   vous disputez

4. lavons   levons

5. se trouvent   se trouve

DICTÉE: Le drame de Roméo et Juliette

_____

_____

_____

_____

_____

_____

_____

_____

_____

_____

_____

_____

_____

_____

_____

_____

_____

_____

La belle histoire de Tristan et Iseut, *Découverte et Création,* page 374.

Échanges, *Découverte et Création,* page 378.

Dix-huitième Leçon

Exercices écrits

A. Récapitulation. Remplacez les tirets par un verbe pronominal approprié au passé composé, à l'imparfait ou à l'infinitif. Choisissez les verbes de la liste suivante:

se brosser	**se laver**	**se reposer**
se coucher	**se marier**	**se réveiller**
s'habiller	**se regarder**	**se trouver**

Suzanne allait épouser Georges dimanche, mais malheureusement ils ne

_____ ce jour-là. Dimanche matin, quand Suzanne

_____ , elle a remarqué qu'elle avait mal à la gorge. Elle

_____ les dents et elle _____ la figure, mais elle

allait mal. Quand elle _____ dans le miroir, elle a vu un visage très pâle

couvert de points rouges. Elle a regardé tristement sa jolie robe blanche, mais elle ne

_____ . Elle a pris le téléphone qui _____ à côté

de son lit, et elle a téléphoné à son médecin. Il lui a dit de prendre de l'aspirine et de

_____ . Elle a pris de l'aspirine et elle _____ .

Suzanne et Georges vont _____ dimanche prochain.

B. Récapitulation. Répondez aux questions suivantes. Choisissez un des verbes entre parenthèses.

■ À votre avis, l'histoire de Cendrillon est-elle vraie? (croiser, croire)
Non, je ne crois pas cette histoire.

1. Combien de cours y a-t-il dans votre programme actuellement? (suivre, prendre)

_____

2. Avez-vous rencontré personnellement le président des États-Unis? (savoir, connaître)

_____

3. Qu'est-ce qu'on fait dans une voiture? (conduire, se maquiller)

_____

4. Que faites-vous pour vous dépêcher? (courir, se reposer)

_____

5. Est-ce que John F. Kennedy était déjà mort en 1960? (vivre, mourir)

_____

C. **Le futur.** Écrivez les phrases suivantes au futur. *[Section 1]*

■ Je suis présent.   *Je serai présent.*

1. Je reçois un beau cadeau. _____

2. Tu te réveilles. _____

3. Elles se fâchent. _____

4. Vous avez faim. _____

5. Nous nous amusons. _____

6. Il fait beau. _____

7. Nous savons parler français. _____

8. On se souvient de cela. _____

9. Michelle va en France. _____

10. J'ouvre la porte. _____

11. Je ramène les enfants chez eux. _____

12. Tu vends ton vélo. _____

13. Elle veut te voir. _____

14. Nous voyons la reine Élizabeth. _____

15. Vous êtes jaloux. _____

16. Les arbres fleurissent. _____

17. J'envoie la lettre. _____

18. Peux-tu lui rendre visite? _____

19. Nous nous asseyons. _____

20. Il faut aller la chercher. _____

D. Le présent ou le futur. Finissez les phrases suivantes avec un verbe au présent ou au futur. *[Section 2]*

▮ Je ne te parlerai plus si _tu m'insultes_ .
Nous sortirons quand _il fera beau_ .

1. Je ne t'aimerai plus si _____ .

2. La vie deviendra facile lorsque _____ .

3. On partira aussitôt que _____ .

4. Nous mourrons quand _____ .

5. Son fils reviendra lorsque _____ .

6. Vous verrez des éléphants roses si _____ .

7. Tu sauras la vérité quand _____ .

E. Le passé et le futur.

1. Mettez le paragraphe suivant au passé. *[Sections 1, 2, révision]*

Jocaste, la mère d'Œdipe, veut savoir l'avenir de son fils. Avec son mari, elle va voir l'oracle de Thèbes. L'oracle réfléchit pendant quelque temps. Bien sûr, Jocaste et le roi espèrent que leur fils va être heureux. Hélas! Ils ne savent pas encore ce que l'oracle va leur dire. Soudain l'oracle répond ...

_____

_____

_____

_____

_____

_____

_____

2. Maintenant, mettez le paragraphe suivant au futur.

«Après avoir fait un grand voyage, votre fils devient roi. Mais ... pendant le voyage, il rencontre son père et il le tue sans le reconnaître. Ensuite, devant Thèbes, il peut répondre aux questions du Sphinx et il réussit à libérer la ville. Finalement, il épouse sa mère, la reine. Enfin, quand il sait la vérité sur son origine, il perd la vue et il part en exil.»

_____

_____

_____

_____

_____

_____

_____

_____

_____

F. Expressions de temps et de durée. Choisissez une des expressions suivantes pour remplacer les tirets. *[Section 3]*

depuis	il y a	pendant	jusque
depuis que	il y a ... que	pendant que	

1. Jacques se fâchait de plus en plus _____ il attendait son amie.

2. Je connais mes parents _____ je suis née.

3. Thierry et sa famille ont voyagé _____ au Moyen-Orient.

4. Nous avons commencé cette leçon _____ une semaine.

5. _____ 200 ans _____ Louis XVI et Marie-Antoinette sont morts.

G. Expressions de temps et de durée. Dites en français. *[Section 3]*

1. I have known George for six months.

_____

2. Don't talk to me while I'm driving!

_____

3. Valerie was born eighteen years ago.

_____

4. It has been raining since six o'clock.

_____

5. She ran as far as the beach.

_____

6. You slept for ten hours last night!

_____

7. Tomorrow I'll study until midnight.

_____

8. We have liked Philadelphia since we went there.

_____

H. Composition dirigée. Regardez le dessin et choisissez un couple ou une famille. Inventez leur histoire—Depuis quand sont-ils dans la gare? Où iront-ils? Jusqu'à quelle heure vont-ils attendre leur train? etc. Employez le futur et les autres expressions de la leçon (**aussitôt que, pendant,** etc.).

_____

_____

_____

_____

_____

_____

_____

_____

_____

_____

_____

_____

_____

_____

Dix-huitième Leçon
Exercices de laboratoire

A. (oral)   Le futur.   You will hear an infinitive followed by a sentence in the present tense. Then you will hear an expression of time indicating the future. Restate the sentence in the future, beginning with the expression of time.

◀️ parler / Maintenant, je parle français. / demain
Demain, je parlerai français.

(Items 1–7)

B. (oral-écrit)   Les verbes irréguliers au futur.   You will hear the infinitive of an irregular verb followed by a sentence in the present tense. Then you will hear an expression of time in the future. Restate the sentences in the future, beginning with the expression of time.

◀️ faire / Aujourd'hui, nous faisons un pique-nique. / demain
Demain, nous ferons un pique-nique.

1. Demain, nous _____ nos parents.

2. La semaine prochaine, ils _____ partir.

3. À l'avenir, je _____ vous aider.

4. Demain, vous _____ de la chance.

5. Plus tard, leur ami _____ .

6. L'hiver prochain, tu _____ du ski.

7. L'année prochaine, j'_____ en Europe.

8. Plus tard, nous _____ parler français.

C. (oral)   Le futur dans les phrases avec *si, quand, lorsque, dès que, aussitôt que*.   You will hear a series of sentences in the present tense. Restate each in the future. Remember to retain the present tense after the conjunction **si**.

◀️ Je suis fatigué si je ne dors pas assez.
Je serai fatigué si je ne dors pas assez.

Je suis fatiguée quand je rentre chez moi.
Je serai fatigué quand je rentrerai chez moi.

(Items 1–5)

D. (oral) *Depuis* **et** *depuis que*.   You will hear two parts of a sentence about two activities or events. Complete each sentence to tell how long the first activity mentioned has been going on. Use **depuis** before a noun phrase and **depuis que** before a clause.

◼ Ils habitent les États-Unis. / la guerre
Ils habitent les États-Unis depuis la guerre.

Nous restons à la maison. / la pluie a commencé
Nous restons à la maison depuis que la pluie a commencé.

(Items 1–5)

E. (oral) *Il y a ... que*.   You will hear expressions of time followed by a sentence about an activity. Tell how long the activity has been going on by adding the words **il y a** and **que.**

◼ deux ans / Je suis ici.
Il y a deux ans que je suis ici.

(Items 1–5)

F. (oral) *Il y a*.   You will hear a sentence followed by an expression of time. Use the expression **il y a** to tell how long ago the activity occurred.

◼ Je suis allé en France. / deux ans
Je suis allé en France il y a deux ans.

(Items 1–6)

G. (oral) *Pendant*.   You will hear a question asking for how long an activity took (or takes) place. Then you will hear a period of time. Answer each question with **pendant** plus the amount of time.

◼ Pendant combien de temps avez-vous étudié à l'université? / quatre ans
J'ai étudié à l'université pendant quatre ans.

(Items 1–5)

H.   Compréhension orale.   Circle the words you hear in the following sentences.

1. il parle   il a parlé

2. nous nous connaissons   nous nous connaissions

3. feront   ferons

4. parlerai   parlez

5. je rentrerai   je rendrai

DICTÉE: À l'université

Note the following punctuation marks: **à la ligne** means "new paragraph," and **guillemets** means French-style quotation marks.

_____

_____

_____

_____

_____

_____

_____

_____

_____

_____

_____

_____

_____

_____

_____

_____

_____

Dans un Café, Découverte et Création, page 394.

Échanges, Découverte et Création, page 398.

Dix-neuvième Leçon
Exercices écrits

A. Récapitulation. Remplacez les tirets par les verbes appropriés au présent ou au futur. Ajoutez d'autres mots si vous voulez. Utilisez les verbes suivants:

aller	durer	prendre	rentrer
avoir	être	quitter	voir
désirer	pouvoir	rencontrer	vouloir

Votre horoscope

Demain _____ un jour formidable pour votre vie amoureuse. Aussitôt que vous

_____ l'appartement demain matin, vous _____ une personne

charmante. Ce _____ le commencement d'une liaison qui _____

longtemps.

Malheureusement, votre carrière _____ moins spectaculaire que votre vie

amoureuse. Si vous _____ une promotion, ne la demandez pas demain.

Physiquement, vous _____ bien le matin. Le soir pourtant, lorsque vous

_____, vous _____ un peu mal à la tête. Mais si vous

_____ de l'aspirine vous _____ mieux et alors vous

_____ sortir et passer une soirée magnifique.

B. Récapitulation. Employez des noms à la place des pronoms compléments et formez des questions appropriées.

◼ *Est-ce que je sais le numéro de téléphone?*
Oui, vous le savez.

1. _____

Non, je n'en ai pas.

2. _____

Oui, je la connais.

3. _____

Non, nous n'y sommes pas allés.

4. _____

Oui, vous leur parlerez.

5. _____

Non, je ne vous ai pas reconnu.

C. Deux pronoms compléments. Répondez à ces questions et remplacez les mots en italique par les pronoms appropriés. *[Section 1]*

◼ Aimez-vous raconter *des anecdotes à vos amis?*
Oui, j'aime leur en raconter. ou
Non, je n'aime pas leur en raconter.

1. Dites-vous *la vérité à votre petit frère?*

_____

2. Avez-vous parlé *de la France à vos amis?*

_____

3. Est-ce qu'un professeur donne facilement *son numéro de téléphone aux étudiants?*

_____

4. Est-ce que vos parents *vous* donnent *de l'argent?*

_____

5. Votre ami *vous* dit-il toujours *la vérité?*

_____

D. Deux pronoms compléments. Écrivez les phrases suivantes avec deux pronoms. *[Section 1]*

◼ Donnez votre portefeuille à ce gangster. *Donnez-le-lui.*

1. Donnons deux livres à Marguerite. _____

2. Parlez à Susie et à moi de votre travail. _____

3. Demandez-moi mon nom de famille. _____

4. Dites cette chose à vos parents. _____

5. Ne me rends pas mes cadeaux. _____

6. N'offre pas de chrysanthèmes à tes amis français. _____

E. Deux pronoms compléments. Employez des noms au lieu des pronoms compléments et formez des questions qui correspondent à ces réponses. *[Section 1]*

▮ *Avez-vous parlé de vos examens à votre père?*
Non, je ne lui en ai pas parlé.

1. _____

Je vous en donnerai trois.

2. _____

Non, vous ne le leur avez pas dit.

3. _____

Oui, on les lui envoie.

4. _____

Non, ils ne nous le servaient pas.

5. _____

Oui, vous me l'avez expliquée.

6. _____

Oui, ils nous en ont vendu.

7. _____

Non, personne ne s'y intéresse.

8. _____

Oui, je m'en souviens.

9. _____

Non, ils ne s'en servent jamais.

10. _____

Non, je ne vous en ai pas offert.

F. L'infinitif complément. Mettez **à, de, sans** ou **pour** dans les tirets. *[Section 2]*

Cher Jean,

J'ai quelque chose _____ te dire. Je suis enfin prête _____ te révéler mes sentiments. Après six ans, j'ai envie _____ terminer notre liaison amoureuse. Tu es un homme _____ admirer, c'est vrai, mais j'ai très envie _____ aller au Tibet _____ étudier avec le Dalai Lama. C'est inutile _____ me demander pourquoi j'ai décidé _____ faire ce voyage. Ne sois pas triste _____ me voir partir. Ce ne sera pas très facile _____ être seul, mais, de toute façon, tu es sûr _____ trouver une autre femme _____ aimer.

Notre vie ensemble va finir demain. Ce n'est pas une vie _____ oublier, et il me sera impossible _____ oublier notre amour. Mais, enfin, j'ai des choses essentielles _____ faire toute seule. Aujourd'hui je vais acheter mon billet _____ aller au Tibet, et j'ai l'intention _____ partir _____ te dire au revoir. Bon courage, mon amour.

G. Le plus-que-parfait. Mettez le verbe entre parenthèses au passé composé ou au plus-que-parfait. *[Section 3]*

1. Pauvre Albert! Quand il est arrivé, tout le monde _____ (dîner), alors il a dîné tout seul.

2. Nous sommes allés voir ce nouveau film parce que nos amis _____ (dire) qu'il était excellent.

3. À minuit nous avons terminé la discussion et alors tout le monde _____ (partir).

4. Quand j'ai reçu votre lettre, j'_____ (écrire) une longue réponse à toutes vos questions.

5. Quand les astronautes sont revenus sur terre après leur voyage de plusieurs années, ils ont trouvé que la vie terrestre _____ (changer) énormément.

H. Le plus-que-parfait. Répondez. *[Section 3]*

▐ Quand le premier astronaute américain a fait son voyage dans l'espace, qui l'avait déjà fait?
Quand le premier astronaute américain a fait son voyage dans l'espace, un cosmonaute russe y était déjà allé.

1. Quand vous êtes venu(e) en classe aujourd'hui, qui était déjà arrivé?

   _____

   _____

2. Qu'est-ce que vous aviez déjà fait quand vous êtes arrivé(e) à l'université?

   _____

   _____

3. Qu'est-ce que vos parents n'avaient pas encore fait quand vous êtes né(e)?

   _____

   _____

4. Qu'est-ce que vous et vos amis aviez déjà fait le jour où vous avez reçu votre diplôme de lycée?

_____

_____

5. Qu'est-ce que Mozart avait déjà fait à l'âge de trente ans?

_____

_____

I. Composition dirigée. Un(e) ami(e) vous explique son impression de «déjà vu». Vous lui posez cinq questions. Écrivez vos questions et ses réponses. Employez les constructions de cette leçon (nom ou adjectif + **à, de, pour** ou **sans** + infinitif et deux pronoms compléments).

■ *—As-tu parlé de ton voyage à Pierre?*
—Oui, et j'avais l'impression de lui en avoir déjà parlé.

_____

_____

_____

_____

_____

_____

_____

_____

Dix-neuvième Leçon

Exercices de laboratoire

A. (oral-écrit)   Les pronoms objets directs et indirects dans la même phrase indicative.   You will hear sentences with two objects. Restate each sentence, using two object pronouns.

■ Il donne le livre au professeur.
Il le lui donne.

Il me parle de ses projets.
Il m'en parle.

Elle me donne son numéro de téléphone.
Elle me le donne.

1. Il nous prête son bateau.

   Il _____.

2. Il nous prête un bateau.

   Il _____.

3. Vous avez donné ce disque à votre père.

   Vous _____.

4. Vous donnez un disque à votre père.

   Vous _____.

5. Elle m'a parlé de ses idées.

   Elle _____.

B. (oral-écrit)   Deux pronoms objets dans une phrase impérative affirmative.   You will hear a series of commands. Restate each sentence, using two object pronouns.

■ Rendez ces livres à vos amis.
Rendez-les-leur.

Parlez au professeur de vos projets.
Parlez-lui-en.

Donnez-moi votre numéro de téléphone.
Donnez-le-moi.

1. Présentez-moi votre sœur.

   _____

2. Rendez la voiture à votre père.

_____

3. Donnez une explication raisonnable à votre professeur.

_____

4. Écrivez-nous une lettre.

_____

C. (oral) Deux pronoms objets dans une phrase impérative négative.   Now you will hear a series of negative commands. Restate each one, using two object pronouns.

■ Ne me parlez pas de vos aventures.
Ne m'en parlez pas.

Ne dites pas ces choses à vos parents.
Ne les leur dites pas

(Items 1–6)

D. (oral) Adjectif ou nom + *à* ou *de* + **infinitif.**

Part One

You will hear a pair of sentences. Combine them into one sentence, using the first statement to explain how the subject feels about the second activity. Use the preposition **de** plus infinitive.

■ Je suis heureux. Je vais au théâtre.
Je suis heureux d'aller au théâtre.

(Items 1–4)

Part Two

For each pair of sentences you hear, explain how the activity in sentence two is related to the topic mentioned in sentence one. Use the preposition **à** plus infinitive to make one sentence.

■ Vous avez un verre d'eau. Vous buvez ce verre d'eau.
Vous avez un verre d'eau à boire.

(Items 5–8)

E. (oral) Les prépositions *pour* **et** *sans*.   Combine each pair of sentences you hear into one. Use the preposition **pour** plus infinitive to explain the purpose of an activity. Use the preposition **sans** plus infinitive to express the equivalent of "without."

■ Vous étudiez. Vous comprenez.
Vous étudiez pour comprendre.

Vous étudiez. Vous ne comprenez pas.
Vous étudiez sans comprendre.

(Items 1–5)

F. (oral-écrit) Le plus-que-parfait. You will hear sentences in the **passé composé.** Restate each in the pluperfect, using the imperfect of **avoir** or **être** plus the past participle.

> ◼ J'ai mangé.
> *J'avais mangé.*
>
> Il est parti.
> *Il était parti.*

1. Vous _____ .

2. Je (J') _____ .

3. Tu _____ .

4. Nous _____ .

5. Il _____ .

6. Elles _____ .

7. Elle _____ .

8. On _____ .

9. Nous _____ .

10. Je (J') _____ .

G. Compréhension orale. In your lab manual, circle the words you hear in the following sentences.

1. de partir   à partir

2. donnez-la-leur   donnez-le-leur

3. me le   me les

4. étaient devenus   était devenu

5. de voir   à voir

DICTÉE: Une expérience à vivre

Remember that **point-virgule** means "semicolon" and that **point d'exclamation** means "exclamation point."

_____

_____

_____

_____

_____

_____

_____

_____

_____

_____

_____

_____

_____

_____

Nos Voisins bilingues, Découverte et Création, page 412.

Échanges, Découverte et Création, page 416.

Vingtième Leçon
Exercices écrits

A. Récapitulation. Remplacez les tirets par les pronoms appropriés ou par les prépositions **à, de, pour** ou **sans.**

J'adore le zoo. Quand j'_____ vais, je vois des animaux extraordinaires: il _____

_____ a beaucoup. Comme je sais que les éléphants adorent manger des cacahuètes *(peanuts)*, je

_____ _____ donne toujours _____ manger. Quand les tigres sont fatigués

_____ être dans leurs cages, ils _____ sortent. Je _____ regarde et ils _____

regardent aussi, mais je n'_____ ai pas peur. Si un kangourou est très jeune, sa mère est contente

_____ porter son bébé dans sa poche. Mais j'aime surtout les chimpanzés. Ils sont si amusants

_____ regarder! J'apporte quelquefois des bananes et je _____ _____ offre, mais si

le gardien _____ voit, il _____ dit. «Ne _____ _____ donnez pas!» Alors je

pars _____ pouvoir _____ _____ donner.

B. Récapitulation. Finissez les phrases suivantes avec un des verbes entre parenthèses au présent ou au futur, selon le cas.

■ (se fâcher, sourire) Si vous ne me répondez pas, *je me fâcherai* .

1. (avoir, être) Si nous nous réveillons trop tard, _____

_____

2. (faire, s'adapter) Tu perdras tout si _____

_____

3. (savoir, pouvoir) Si j'accepte cette offre, _____

_____

4. (devenir, ouvrir) Personne ne comprendra si _____

_____

5. (avoir, attendre) Si vous voulez parler au président, _____

_____

6. (arriver, se souvenir) Quelqu'un vous téléphonera si _____

_____

7. (vouloir, dire) Si je vois des ours, _____

_____

8. (pouvoir, venir) Nous préparerons la maison si _____

_____

9. (aller, voir) Si Suzette achète deux billets, _____

_____

10. (faire, essayer) Si on ne me reconnaît pas, _____

_____

C. Le conditionnel présent. Dans les phrases suivantes, remplacez le présent par l'imparfait et le futur par le conditionnel. *[Section 1]*

◼ Si j'ai le temps, j'irai au bal.
   Si j'avais le temps, j'irais au bal.

1. S'il pleut, je resterai chez moi.

_____

2. Elle achètera beaucoup de disques si elle va en France.

_____

3. Je parlerai de vous si je rencontre votre professeur.

_____

4. S'ils insistent, nous leur obéirons.

_____

5. Il ira en Europe s'il a assez d'argent.

_____

6. Si je sais la réponse, je répondrai à la question.

_____

D. Le conditionnel passé. Finissez les phrases suivantes en employant un verbe au conditionnel passé ou au plus-que-parfait, selon le cas. *[Section 2]*

Hier soir:

1. Si je n'avais pas mangé, je (j') _____

_____

2. Je n'aurais pas fait mes devoirs si on _____

_____

3. S'il y avait eu un tremblement de terre, tout le monde _____

_____

4. Si tu m'avais téléphoné, je (j')_____

_____

5. Nous aurions pu sortir si je (j')_____

_____

6. S'il avait neigé, nous _____

_____

E. La concordance des temps.   Répondez à ces questions par des phrases complètes. *[Section 3]*

▐ Quelles langues parleriez-vous si vous étiez canadien(ne)?
Si j'étais canadien(ne), je parlerais français et anglais.

1. Quelles langues parleriez-vous si vous étiez suisse?

_____

_____

2. Que feriez-vous si vous étiez président des États-Unis?

_____

_____

3. Si vous aviez été à Paris l'été dernier, quels monuments auriez-vous visités? (Notre-Dame, Versailles, l'Arc de Triomphe, etc.)

_____

_____

4. Irez-vous au cinéma le soir avant l'examen si on vous donne deux billets?

_____

_____

5. Si vous aviez vu un OVNI (objet volant non identifié) hier soir, qu'est-ce que vous auriez fait?

_____

_____

6. Si vous étiez malade, iriez-vous à vos cours?

_____

_____

7. Si vous avez un cours à midi, mangez-vous avant ou après?

_____

_____

8. Si vous n'avez pas de devoirs demain soir, qu'est-ce que vous ferez?

_____

_____

F. Le verbe *devoir* au présent. Refaites les phrases suivantes avec le verbe **devoir.** *[Section 4]*

1. En principe, il va en Angleterre cet été.

_____

2. Probablement, tu es surprise.

_____

3. Vous m'avez emprunté cent francs.

_____

4. Je suis obligé de m'adapter à cette nouvelle situation.

_____

5. Nous avons besoin de faire des économies.

_____

6. Elles ont l'intention d'arriver vendredi soir.

_____

G. *Devoir* au sens de «*probablement*». Imaginez les explications possibles pour les situations suivantes et exprimez votre déduction avec le verbe **devoir** au présent ou au passé. *[Sections 4, 5]*

▉ Philippe va chez le dentiste.
Il doit avoir mal aux dents.

1. Tu travailles pour un vétérinaire.

_____

2. Ce petit garçon a mal à l'estomac.

_____

3. Tout le monde donne des cadeaux à Chantal.

_____

4. Carole ne peut pas s'endormir.

_____

5. Vous visitez le Louvre, le musée d'Orsay et le Centre Georges-Pompidou.

_____

H. Le verbe *devoir* au conditionnel et au conditionnel passé. Réagissez aux situations suivantes avec un conseil. Utilisez le verbe **devoir** au conditionnel ou au conditionnel passé. *[Section 5]*

▪ J'ai oublié mon rendez-vous.
J'aurais dû regarder mon calendrier.

1. Marilyn a perdu tout son argent à Las Vegas.

_____

2. Je ne comprends pas la leçon.

_____

3. Mes plantes sont mortes.

_____

4. J'ai froid.

_____

5. Papa s'est fâché!

_____

6. Archibald a perdu ses cheveux.

_____

I. Le verbe *devoir*. Répondez aux questions suivantes. *[Sections 4, 5]*

1. Devez-vous de l'argent?

_____

2. Devrez-vous être présent le jour de l'examen?

_____

3. À quelle heure devez-vous vous réveiller pour arriver en classe à l'heure?

_____

4. Devrait-on regarder la télévision?

_____

5. Devriez-vous répondre à cette question en français?

_____

6. Auriez-vous dû faire attention aux recommandations de vos parents?

_____

J. Le verbe *devoir*.   Complétez le paragraphe suivant avec les formes correctes du verbe **devoir**.
[Sections 4, 5]

Mon Dieu! C'est une question sur le verbe «devoir»! Je ne savais pas que nous _____

étudier ça. J'_____ être absent le jour où on a parlé de ça en classe. Mais, si le

professeur avait vu que j'étais absent ce jour-là, il _____ répéter l'explication le

lendemain *(the next day)*. Eh bien, que faut-il faire maintenant? Peut-être que je _____

expliquer au professeur que je ne connais pas le verbe «devoir» parce que je ne savais pas qu'il fallait

l'étudier. Non, je ne peux pas. Le professeur n'a pas l'air gentil aujourd'hui; il _____

être fatigué.

K. Composition dirigée.   Vous avez insulté, par erreur, un de vos meilleurs amis. Écrivez vos pensées
à propos de ce que vous auriez pu dire, de ce que vous devez faire maintenant, etc. Employez des phrases
avec **si**, le conditionnel présent et passé et le verbe **devoir**.

_____

_____

_____

_____

_____

_____

_____

_____

_____

_____

_____

_____

_____

_____

_____

_____

_____

_____

_____

_____

Vingtième Leçon
Exercices de laboratoire

A. (oral)   Le conditionnel.   You will hear a series of questions in the conditional. Answer each in the affirmative.

▐ Leur téléphoneriez-vous?
Oui, je leur téléphonerais.

(Items 1–5)

B. (oral)   Le conditionnel passé.   You will hear statements in the present conditional. Change each sentence to the past conditional.

▐ Je serais heureux.
J'aurais été heureux.

Nous arriverions plus tard.
Nous serions arrivés plus tard.

(Items 1–10)

C. (oral)   L'hypothèse et le résultat au futur.   You will hear a sentence in the present tense expressing a hypothetical situation and its result. Restate the sentence with the result in the future tense.

▐ S'il fait beau, nous sortons.
S'il fait beau, sous sortirons.

S'il pleut, nous restons ici.
S'il pleut, nous resterons ici.

D. (oral-écrit)   L'hypothèse et le résultat au conditionnel.   You will hear sentences with verbs in the present and future. Restate each sentence with the verbs in the imperfect and conditional.

▐ S'il peut, il viendra.
S'il pouvait, il viendrait.

S'il le faut, nous terminerons
S'il le fallait, nous terminerions.

1. Si nous _____ de l'argent, nous _____ au Japon.

2. S'il _____ intelligent, il _____ des économies.

3. S'il _____ beau, on _____ sortir.

4. Si vous _____ plus, vous _____ la leçon.

5. Si je ne _____ pas d'argent, j'_____ faim.

E. (oral-écrit)   L'hypothèse et le résultat au conditionnel passé.   Now you will hear statements in the imperfect and conditional. Restate each sentence in the pluperfect and the past conditional.

◼ Si vous veniez, nous serions contents.
   Si vous étiez venu, nous aurions été contents.

1. Si j'_____ le temps, je vous _____ .

2. Si vous _____ plus poli, je vous _____ .

3. Si vous _____ , je _____ .

4. S'il _____ , il _____ à l'heure.

5. Si on _____ l'avenir, on _____ peur.

F. (oral-écrit)   *Devoir* + infinitif pour exprimer une obligation.   You will hear statements expressing obligation. Restate each sentence, using the appropriate form of the verb **devoir**.

◼ Je suis obligé de partir.
   Je dois partir.

1. _____

2. _____

3. _____

4. _____

5. _____

6. _____

G. (oral)   *Devoir* + infinitif pour exprimer une probabilité.   You will hear statements expressing probability. Restate each sentence, using the appropriate form of the verb **devoir** plus an infinitive.

◼ Ted est probablement absent aujourd'hui.
   Ted doit être absent aujourd'hui.

   Il a probablement trop mangé.
   Il a dû trop manger.

(Items 1–5)

H. (oral-écrit)   Le conditionnel de *devoir* + infinitif pour exprimer une recommandation.   You will hear a series of recommendations. Restate each sentence, using the conditional form of the verb **devoir.**

◼ On vous recommande d'étudier.
Vous devriez étudier.

1. _____ vous reposer.

2. _____ travailler.

3. _____ partir.

4. _____ m'amuser.

5. _____ te marier.

6. _____ nous promener la nuit.

I. (oral-écrit)   Le conditionnel passé de *devoir* + infinitif pour exprimer une recommandation rétrospective, un conseil tardif ou un reproche.   You will hear statements of what people did not do. State what they should have done, using the past conditional of **devoir** plus infinitive.

◼ Vous n'êtes pas parti.
Vous auriez dû partir.

1. _____ faire des économies.

2. _____ travailler.

3. _____ nous écrire.

4. _____ se laver.

5. _____ manger.

6. _____ penser aux conséquences.

J.   Compréhension orale.   In your lab manual, circle the words you hear in the following sentences.

1. vous devrez   vous devriez

2. j'aurais eu faim   j'aurais faim

3. il ferait   il fera

4. je serai   je serais

5. nous devrons   nous devrions

DICTÉE: Le verbe «devoir»

_____

_____

_____

_____

_____

_____

_____

_____

_____

_____

_____

_____

Le carnaval de Québec, Découverte et Création, page 437.

Échanges, Découverte et Création, page 441.

Vingt et unième Leçon

Exercices écrits

A. Récapitulation. Remplacez les tirets par le verbe **devoir** et par d'autres verbes appropriés au temps nécessaire. Ajoutez d'autres mots si vous voulez.

Ma chérie,

   Peux-tu m'excuser? Si j'avais su ta situation, je ne (n')_____

_____ comme ça. Mais quand je t'ai vue, je me suis dit: «Elle

_____ être malade. Elle _____ aller chez le médecin.» Je ne serais

pas surpris si tu _____. Mais tu comprends, je ne savais pas

que je ne (n')_____ t'offrir mes conseils. Si tu m'excuses, je

_____ très content, et nous ne (n') _____ plus jamais

de ça.

                                        Avec regrets,

                                           moi

B. Le subjonctif. Complétez les phrases avec une forme du subjonctif du verbe entre parenthèses.
[Section 1]

   ▉ (répondre) Il faut que nous _*répondions*_ à la lettre.

1. (rendre) Il faut que nous _____ ces livres.

2. (dire) Il fallait qu'elle _____ ce qui s'était passé.

3. (prendre) Il a fallu que tu _____ ton temps.

4. (choisir) Il faut que je _____ un autre cours.

5. (savoir) Il faudra que vous _____ lui répondre.

6. (étudier) Il faudrait que nous _____, si nous voulions réussir.

7. (aller) Il faut que j'_____ à mon autre cours.

8. (avoir) Il fallait qu'elle _____ une meilleure formation.

9. (être) Il faudrait que vous _____ à l'heure.

10. (mettre) Il faut que nous _____ notre imperméable aujourd'hui.

11. (boire) Il faudra que tu _____ du lait.

12. (écrire) Il a fallu qu'il m'_____.

13. (venir) Il aurait fallu que vous _____ à cette conférence.

14. (dormir) Il faudrait que je _____ pendant huit heures.

15. (s'en aller) Il fallait que tu _____ avant son arrivée.

16. (lire) Il fallait que nous _____ cent pages par jour.

17. (se souvenir) Il aurait fallu qu'elle _____ de moi.

18. (rire) Il faut que je _____ quand mon patron raconte des histoires drôles.

19. (suivre) Il aurait fallu que tu me _____.

20. (se servir) Il fallait que tu _____ de ta propre ceinture!

21. (vouloir) Il faut qu'on _____ réussir.

22. (pouvoir) Il faut que vous _____ passer du temps en France.

C.   *Il faut que* + subjonctif.   Remplacez les tirets par le subjonctif d'un verbe de votre choix. *[Section 1]*

1. Il ne faut pas que tu _____ au défilé.

2. Il aurait fallu que nous _____ moins souvent.

3. Il faut que vous _____ vos vitamines.

4. Il faudra que je _____ demain.

5. Il faudrait que Marie _____ avec Jerry.

D.   Le subjonctif d'obligation.   Refaites les phrases suivantes et exprimez l'idée d'obligation par **il faut que** (au temps approprié) + subjonctif. *[Section 1]*

▉ Les étudiants doivent être présents pour l'examen.
   Il faut que les étudiants soient présents pour l'examen.

1. Je dois obéir à mes parents.

   _____

2. Nous devons rentrer immédiatement.

   _____

3. Il doit faire attention aux explications.

   _____

4. Vous devez recevoir une bonne note.

   _____

5. Tu devais conduire lentement.

   _____

6. Je devais me coucher tôt.

_____

7. Vous devriez écouter les explications.

_____

8. Tu devrais avoir plus de patience.

_____

9. Nous aurions dû faire régulièrement du sport.

_____

10. J'ai dû aller voir mon conseiller d'études.

_____

E. Le participe présent. Finissez les phrases suivantes en utilisant le participe présent d'un verbe de votre choix. *[Section 2]*

■ Je lis le journal en ___*prenant mon café*___ .

1. Je chante en _____.

2. Tu écris une lettre en _____.

3. Tristan est tombé amoureux d'Iseut en _____.

4. Nous nous sommes habillés en _____.

5. Quel politicien! Il parle beaucoup en ne _____.

F. Le passé immédiat. Répondez aux questions suivantes. *[Section 3]*

1. Qu'est-ce que vous venez de faire?_____

_____

2. Si vous venez de dîner, avez-vous encore faim? _____

_____

3. Quand vous veniez de recevoir votre permis de conduire, comment avez-vous célébré? _____

_____

4. Qu'est-ce que le Président vient de faire? _____

_____

5. Quand les nouveaux mariés sont partis en voyage de noces, qu'est-ce qu'ils venaient de faire?

_____

_____

6. Est-ce que vous venez de commencer à étudier le français? _____

_____

G. Les verbes *craindre, éteindre,* etc. Formez une phrase avec les verbes donnés à la personne indiquée. Employez le présent, le passé, le futur ou le conditionnel. *[Section 4]*

▪ se plaindre de / tout le monde (La Rochefoucauld, 1613–1680)
Tout le monde se plaint de sa mémoire et personne ne se plaint de son jugement.

1. craindre / je _____

2. craindre de / les gens _____

3. peindre / nous _____

4. éteindre / tu _____

5. se plaindre / vous _____

H. Composition dirigée. Daniel vient d'arriver à l'université et il téléphone à ses parents. Ils lui posent des questions à propos de sa vie à l'université et lui donnent des conseils. En vous inspirant de l'image, écrivez leurs questions et leurs commentaires et les réponses de Daniel. Employez **il faut que** + subjonctif, le participe présent et l'expression **venir de.**

Vingt et unième Leçon
Exercices de laboratoire

A. (oral-écrit)   Les verbes réguliers au subjonctif présent.   You will hear sentences in various tenses, expressing obligation. Restate each sentence, using the equivalent tense of **il faut** plus a clause in the present subjunctive.

◼ Je dois parler.
Il faut que je parle.

Ils devaient parler.
Il fallait qu'ils parlent.

1. Il _____ à l'invitation.

2. Il _____ un appartement.

3. Il _____ bientôt.

4. Il _____ bien cette nuit.

5. Il _____ ces livres.

6. Il _____ contre l'injustice.

7. Il _____ à la gare.

8. Il _____ avant minuit.

B. (oral-écrit)   Les verbes irréguliers au subjonctif présent.   Again you will hear sentences expressing obligation with **devoir.** Restate each sentence with the equivalent tense of **il faut** and a clause in the present subjunctive.

◼ Je dois aller chez moi.
Il faut que j'aille chez moi.

Je devrai aller chez moi.
Il faudra que j'aille chez moi.

1. Il _____ une bonne note.

2. Il _____ ces amis.

3. Il _____ ce film.

4. Il _____ l'autobus.

5. Il _____ samedi.

6. Il _____ chez eux.

7. Il _____ à pied.

8. Il _____ réussir.

9. Il _____ ses devoirs.

10. Il _____ la réponse.

11. Il _____ venir demain.

12. Il _____ à l'heure.

C. (oral-écrit) **Question-réponse au subjonctif.** Answer the following questions in the affirmative.

◼ Faut-il que tout le monde soit présent?
Oui, il faut que tout le monde soit présent.

1. Oui, il _____ des compositions.

2. Oui, il _____ attention en classe.

3. Oui, il _____ aux cours.

4. Oui, il _____ mon professeur.

5. Oui, il _____ une bonne note.

D. (oral-écrit) **Le participe présent.** Restate each sentence to describe two simultaneous activities. Use the word **en** plus the present participle.

◼ Il lit quand il mange.
Il lit en mangeant.

1. On se détend _____ à un carnaval.

2. Elle a rencontré un ami _____ à la bibliothèque.

3. On oublie le temps _____ longtemps.

4. Je me suis dépêché _____ ce matin.

5. Il s'endort _____ la télévision.

6. Je me reposerai _____ une promenade.

7. Nous apprendrons _____ sérieusement.

8. Vous vous trompez _____ attention.

9. On s'ennuie _____ rien.

E. (oral) Le passé immédiat.   You will hear statements about past events. Use the present tense of **venir de** to say that the events just happened.

▪ J'ai parlé à mon père.
Je viens de parler à mon père.

(Items 1–5)

F. (oral-écrit) Les verbes *craindre, éteindre, se plaindre, peindre*.   Answer the following questions affirmatively, using the correct form of the verb.

▪ Craignez-vous les centrales nucléaires?
Oui, je crains les centrales nucléaires.

1. Oui, _____ cette cigarette.

2. Oui, _____ beaucoup à Paris.

3. Oui, _____ des fumeurs.

4. Oui, _____ une guerre nucléaire.

5. Oui, _____ du gouvernement.

G. (oral) Le passé composé des verbes comme *craindre*.   Restate the following present tense sentences in the **passé composé**.

▪ Ils éteignent la lampe.
Ils ont éteint la lampe.

(Items 1–5)

H. Compréhension orale.   In your lab manual, circle the words you hear in the following sentences.

1. qu'il part   qu'il parte

2. il faut   il faudrait

3. ne sachant pas   ne sachions pas

4. tu as   tu aies

5. elle peint   elles peignent

DICTÉE: Une bonne mayonnaise

Mots importants: **ajouter** *(to add);* **l'huile** *(oil);* **un bol** *(bowl).*

_____

_____

_____

_____

_____

_____

_____

_____

_____

_____

_____

_____

_____

_____

_____

_____

L'écologie et nous, Découverte et Création, page 462.

Échanges, Découverte et Création, page 467.

Vingt-deuxième Leçon
Exercices écrits

A. Récapitulation. Remplacez les tirets par un verbe approprié au subjonctif, au participe présent ou à l'infinitif. Vous pouvez aussi ajouter d'autres mots appropriés.

Résolutions pour le nouvel an:

1. Je ne vais plus parler en _____.

2. Il ne faut pas que je (j')_____.

3. Si je viens de (d')_____ une nouvelle personne, il faudra

   que je (j') _____.

4. Après le dîner, il faut que je (j') _____.

5. Il ne faut plus que je (j')_____ en _____.

6. Je dois _____ en _____.

7. Il ne faudrait jamais que je (j')_____.

B. Le subjonctif. Combinez les deux phrases. Utilisez le subjonctif, l'indicatif ou l'infinitif.
[Section 1]

■ Nous sommes contents. L'année scolaire est finie.
Nous sommes contents que l'année scolaire soit finie.

1. Nous sommes heureux. La semaine des examens finit.

   _____

2. Cet étudiant se fâche. Il ne comprend pas le subjonctif.

   _____

3. Elle est ravie. Vous voulez bien sortir avec elle.

   _____

4. Il vaut mieux. On obéit à la loi.

   _____

5. Je ne pense pas. Il va en France cet été.

   _____

6. Nous espérons. Vous passerez de bonnes vacances.

   _____

7. Je suis sûr. Vous réussirez.

_____

8. Je ne crois pas. Cette histoire est vraie.

_____

9. Ses parents exigent. Il apprend à parler français.

_____

10. Mon frère souhaite. Vous voulez sortir avec lui.

_____

11. Il se peut. Il viendra demain.

_____

12. Ses parents veulent. Ses parents font un voyage.

_____

13. Nous regrettons. Il vend sa maison.

_____

14. Je préfère. Nous discutons la leçon en français.

_____

15. Tout le monde craint. Il y a un tremblement de terre.

_____

C. **Le subjonctif.**   Écrivez en français. *[Section 1]*

1. I want you to understand me.

_____

2. We're sorry you're sick.

_____

3. My parents like me to write them every week.

_____

4. Paul is surprised we have no phone.

_____

5. I'd like you to come to my party.

_____

6. I doubt that you will want to come.

_____

D.   Le subjonctif après les conjonctions de subordination.   Remplacez les tirets par l'infinitif ou par une forme de l'indicatif ou du subjonctif des verbes entre parenthèses, selon le sens de la phrase. *[Section 2]*

1. (comprendre) Nous discutons ce roman en français pour que cette personne ne

   _____ pas.

2. (pouvoir) Nous voulons une démocratie afin que tout le monde _____ exprimer son opinion.

3. (être) Je t'aime parce que tu _____ intelligente et belle!

4. (se sentir) Nous ferons du ski jusqu'à ce que vous _____ fatigué.

5. (arriver) Vous devez me téléphoner avant de (d')_____ à ma porte.

6. (être) Je viendrai à moins de (d')_____ malade.

7. (vouloir) Je ne peux pas le faire, bien que le professeur le _____ .

8. (être) Je m'en irai à moins que tu _____ gentil avec moi.

9. (parler) Quoique nous ne _____ pas la même langue, nous nous comprenons.

10. (dire) Que penses-tu quand on _____ que tu es stupide?

11. (savoir) Ils se marient sans que leurs parents le _____ .

12. (finir) Ils étudient vite afin de _____ avant l'examen.

13. (arriver) Essayez de finir avant que nous _____ !

14. (être) Ils nous paieront à condition que nous _____ à l'heure.

15. (dire) Nous ne savons pas pourquoi vous _____ ces choses!

E.   Le subjonctif présent ou passé et l'infinitif.   Faites une seule phrase en utilisant le subjonctif passé, le subjonctif présent ou l'infinitif. *[Section 3]*

▉ Nous sommes contents / vous vous êtes bien reposés.
   Nous sommes contents que vous vous soyez bien reposés.

1. Vous voulez / nous avons tout fini avant de partir

   _____

2. Je ne crois pas / je me suis trompé

   _____

3. Je ne crois pas / je me trompe

   _____

4. Ils aiment / leurs enfants leur obéissent

   _____

5. Nous ne pensons pas / ils ont pu faire cette chose horrible

_____

F. Résumé.   Inventez un commencement approprié aux phrases suivantes. *[Sections 1, 2, 3]*

◗ _Je suis désolé_   qu'elle soit tombée.   ou
_____ _J' étais triste_   qu'elle soit tombée.

1. _____ qu'il se souvienne de moi.

2. _____ que vous rougissiez.

3. _____ que tu sais la différence entre un cheval et un zèbre.

4. _____ que Janine ait trop parlé au téléphone.

5. _____ que Raymond soit parti avant la fin de la soirée.

6. _____ que Monsieur Poirot ait trouvé le criminel.

7. _____ que vous avez bien dormi.

8. _____ que je sois né en Russie.

9. _____ que nous nous trompions maintenant.

10. _____ qu'il fasse beau.

G. Composition dirigée.   Votre patronne vous donne des ordres ou des recommandations, et vous lui répondez affirmativement ou négativement. En vous inspirant de l'image, écrivez toute la conversation (au moins six échanges).

◗ Je veux / Je voudrais / Il faut / Il faudrait que vous ...
Madame, je veux bien ... , mais je ne peux pas ...

_____

_____

_____

_____

_____

_____

_____

_____

_____

_____

Vingt-deuxième Leçon

Exercices de laboratoire

A. (oral-écrit) **L'emploi du subjonctif avec les expressions de volonté, de préférence ou d'émotion.** You will hear a statement expressing an opinion or desire, followed by a noun or pronoun. Make a statement using the noun or pronoun as the subject in a subordinate clause in the subjunctive.

> ▌ Je veux être juste. (le professeur)
> *Je veux que le professeur soit juste.*
>
> Elle est heureuse de voyager. (nous)
> *Elle est heureuse que nous voyagions.*

1. Il veut que _____.

2. Il désire que _____ ces lettres.

3. David préfère que _____ au cinéma.

4. Nous regrettons que _____ en retard.

5. J'ai peur que _____ trop tard.

6. Ils sont heureux que _____ avec vous.

7. Elle est contente que _____ au Canada.

8. Je crains que _____ un mauvais restaurant.

B. (oral-écrit) **L'emploi du subjonctif avec les expressions de doute ou de possibilité.** You will hear a statement in the indicative, followed by an expression of doubt or possibility. Combine these elements into one sentence, using the subjunctive.

> ▌ Il nous reconnaît. (je doute)
> *Je doute qu'il nous reconnaisse.*
>
> Elle sait la vérité. (il est possible)
> *Il est possible qu'elle sache la vérité.*

1. Je doute que _____.

2. Je doute que _____ un vélo français.

3. Il est douteux que _____ content de son voyage.

4. Il se peut que _____ à dormir.

5. Il n'est pas possible que _____ les aider.

C. (oral-écrit) L'emploi du subjonctif avec les expressions d'opinion négative. You will hear affirmative statements in the indicative. Change the first verb in each sentence to the negative, and change the verb it introduces to the subjunctive.

◼ Je crois qu'ils seront à l'heure.
Je ne crois pas qu'ils soient à l'heure.

1. Je _____ ses livres.

2. Il _____ son professeur _____ juste.

3. Nous _____ un effort.

4. Tu _____ partir.

5. Elle _____ cet appartement _____ parfait.

6. Je _____.

7. Ils _____ le faire.

8. Nous _____une bonne note.

D. (oral-écrit) L'interrogation qui exige le subjonctif quand le sujet change. You will hear a series of answers. Give the logical question for each one, using the subjunctive.

◼ Je suis certain qu'ils sont ici.
Êtes-vous certain qu'ils soient ici?

1. Êtes-vous sûr qu'il _____ ?

2. Trouvez-vous que ce _____ vrai?

3. Croyez-vous que je _____ terminer bientôt?

4. Êtes-vous certain que leur avion _____ en retard?

5. Pense-t-il que son père _____ le comprendre?

E. (oral-écrit) L'emploi du subjonctif après certaines conjonctions. You will hear a sentence containing a preposition plus infinitive, followed by a noun or pronoun. Make a complete sentence by using the appropriate conjunction, by using the noun or pronoun as the subject of a subordinate clause, and by changing the infinitive to the subjunctive.

◼ Ils ont parlé ensemble avant d'arriver. (nous)
Ils ont parlé ensemble avant que nous arrivions.

1. Je dînerai avant que _____.

2. Je viendrai vous voir à moins que _____.

3. Il nous téléphone à condition que _____.

4. Nous arriverons à sept heures à moins que _____.

5. Je suis parti sans que _____.

6. On fait des sandwichs pour que _____.

7. Elle parle toujours en français pour que _____.

8. Il a fermé la fenêtre afin que _____.

F. (oral)   Les conjonctions qui sont toujours suivies par le subjonctif.   You will hear two brief sentences, followed by a conjunction. Combine them all into one sentence, using the subjunctive.

> ◙ Il part en vacances. Il n'a pas d'argent. (bien que)
> *Il part en vacances bien qu'il n'ait pas d'argent.*

1. Nous regardons la télévision ...
2. Ce jardin est magnifique ...
3. Je peux vous aider ...

4. La pollution continue ...
5. Elle travaille ...
6. Nous resterons au cinéma ...

G. (oral)   Le passé du subjonctif.   You will hear a sentence in the **passé composé**, followed by another phrase. Combine the two elements into one sentence, using the past subjunctive.

> ◙ Guy a quitté la maison avant moi. (il fallait)
> *Il fallait que Guy ait quitté la maison avant moi.*

1. ... appris la leçon.
2. ... lu ce livre.
3. ... tout essayé.

4. ... arrivés avant minuit.
5. ... fini leurs devoirs.
6. ... levé à huit heures.

H.   Compréhension orale.   In your lab manual, circle the words you hear in the following sentences.

1. que je conduis   que je conduise

2. que tu dis   que tu dises

3. qu'il vient   qu'il vienne

4. qu'elle a réussi   qu'elle ait réussi

5. que je me suis trompé   que je me sois trompé

DICTÉE: Lettre d'un père à son fils

_____

_____

_____

_____

_____

_____

_____

_____

_____

_____

_____

_____

                                        _____

                                   _____

Votre horoscope par Sophie Sachetout, *Découverte et Création,* page 483.

Échanges, *Découverte et Création, page 487.*

Vingt-troisième Leçon

Exercices écrits

A. Récapitulation. Remplacez les tirets par les verbes entre parenthèses au subjonctif, à l'indicatif ou à l'infinitif.

Quand vous ne pouvez pas dormir, il y a plusieurs choses à essayer. D'abord, je recommande que vous

(boire) _____ du lait chaud. Si vous buvez du lait chaud avant de (se coucher)

_____ , je suis sûr que vous n'(avoir) _____ aucun problème.

Mais si ça ne réussit pas, je suggère que vous (compter) _____ des moutons:

fermez les yeux, imaginez les moutons et comptez-les jusqu'à ce que vous (s'endormir)

_____ .

Si vous avez encore des difficultés, vous devriez (faire) _____ de l'exercice

physique, ou bien vous pourriez demander qu'un ami vous (donner) _____ un

massage afin que vous (dormir) _____ . Ou vous serez peut-être content d'(écouter)

_____ de la musique.

Une chose importante: Je ne veux pas que vous (prendre) _____ de somnifères.

Je crains que ces médicaments (être) _____ dangereux!

B. Les pronoms possessifs. Récrivez la phrase et remplacez les mots en italique par un pronom possessif approprié. *[Section 1]*

▉ Georges adore le café de sa mère mais il déteste *mon café.*
Georges adore le café de sa mère mais il déteste le mien.

1. Mon chien est plus grand que *ton chien.*

_____

2. Votre maison est ancienne, mais *notre maison* est moderne.

_____

3. Maintenant vous savez mon numéro de téléphone. Quel est *votre numéro de téléphone?*

_____

4. La famille Osmond est plus grande que *ma famille.*

_____

5. Je parle de mes écrivains préférés, et mes amis me parlent de *leurs écrivains préférés*.

_____

6. Comme il nous fallait un appartement pour la réunion, elle nous a offert *son appartement*.

_____

7. J'ai besoin de ton crayon parce que j'ai perdu *mon crayon*.

_____

8. Tout le monde a des défauts; pensez-vous quelquefois à *vos défauts?*

_____

9. Après avoir écouté les anecdotes de tout le monde, Éric veut toujours raconter *son anecdote* aussi. Mais *ses anecdotes* n'amusent jamais personne.

_____

_____

10. J'adore ta personnalité et tu adores *ma personnalité!*

_____

C. Les pronoms interrogatifs. Voilà des réponses. Posez une question appropriée en employant **qui** ou **quoi.** Commencez chaque question avec une préposition. *[Section 2]*

☐ C'est à Guillaume que je téléphone.
À qui téléphonez-vous?

1. C'est à notre professeur que je parle.

_____

2. Je discute avec mes parents.

_____

3. J'écris avec un stylo.

_____

4. Au cinéma, j'étais derrière Catherine.

_____

5. J'ai écrit cette composition pour mon professeur d'anglais.

_____

6. J'ai mis la machine à écrire sur le bureau.

_____

7. Il est assis à côté de Jeanne.

_____

8. Nous avons travaillé avec ces étrangers.

_____

D. Les pronoms interrogatifs. Voilà des réponses. Posez une question logique pour ces réponses. Employez **qui, que** ou **qu'est-ce que** dans la question. *[Section 2]*

▮ _Qui est-ce?_ C'est André.

1. _____ C'est Marie.

2. _____ Ma mère m'aime.

3. _____ Ce soir j'irai au cinéma.

4. _____ Elle aime faire du ski en hiver.

5. _____ Nous craignons les polluants atmosphériques.

6. _____ C'est moi qui ai répondu.

7. _____ Je lis le journal avant de dormir.

8. _____ Paul a bien étudié.

9. _____ J'ai écrit un poème.

10. _____ Il préfère aller au gymnase.

E. Les pronoms interrogatifs. Voilà des réponses. Pour chaque réponse, posez deux questions logiques. Utilisez **qu'est-ce que, qu'est-ce qui, qui est-ce que** ou **qui**. *[Section 2]*

▮ Les lunettes roses changent la perception du monde.
Qu'est-ce qui change la perception du monde?
Qu'est-ce que les lunettes roses changent?

1. Le succès de ce film a surpris les critiques.

_____

_____

2. Christophe Colomb a découvert l'Amérique.

_____

_____

3. Roméo déclarait son amour à Juliette.

_____

_____

4. Les Français trouvent l'accent américain exotique.

_____

_____

5. Le costume de Madame Godiva a scandalisé les Anglais.

_____

_____

F.   Le pronom interrogatif *lequel*.   Remplacez les tirets par la forme correcte de **lequel, duquel** ou **auquel.** *[Section 3]*

Au défilé

— Voilà deux costumes que j'adore.

— _____ aimes-tu le plus?
— Le roi, je crois. Et regarde ces deux clowns!

— Quels clowns? _____ veux-tu que je regarde?
— Ces clowns-là, qui imitent ces jeunes filles.

— _____ imitent-ils? Je vois beaucoup de jeunes filles.
— Ces jeunes filles qui sont à côté de l'ours.

— Je vois plusieurs ours. _____ parles-tu?
— L'ours dansant, là-bas.
— Oh, oui! Le voilà. Et regarde ces gendarmes comiques!

— Où ça? _____ penses-tu? Les gendarmes qui sont à coté de la rue?
— Non, non. Les gendarmes dans la voiture. Je pense qu'il y en a vingt dans cette petite Volkswagen!

G.   Les pronoms relatifs *ce qui* et *ce que*.   Finissez les phrases suivantes. *[Section 4]*

1. Aimez-vous ce qui _____ ?

2. Je ne sais pas ce que (qu') _____ .

3. Tout le monde veut ce que (qu') _____ .

4. Dites-moi ce que (qu') _____ .

5. Personne n'a vu ce qui _____ .

H. Résumé. Mettez **qu'est-ce que, qu'est-ce qui, ce que, ce qui, que** ou **qui** dans les phrases suivantes. *[Sections 2, 4]*

1. _____ c'est?

2. Je ne comprends pas _____ vous dites.

3. Voulez-vous expliquer _____ est difficile?

4. _____ fait tant de bruit?

5. _____ il faut savoir pour l'examen?

6. Sais-tu _____ mon chat adore? Il adore la nourriture

   _____ on donne aux chiens!

7. Il n'y a pas d'animal _____ parle aussi bien que l'homme.

8. Tu ne veux pas boire _____ le Docteur Jekyll prépare!

9. _____ est la cause des tremblements de terre?

10. C'est le garçon _____ vous détestez.

11. Lawrence Welk est un musicien _____ mes grands-parents aiment.

12. Préférez-vous faire _____ tout le monde fait?

13. C'est une expression _____ il ne faut pas utiliser.

14. _____ tu demandes est ridicule.

I. Composition dirigée. Vous êtes détective et quelqu'un vient de tuer M. Marlais, un homme riche et vieux. Il y a cinq personnes devant vous: son valet, son chef, son secrétaire, sa femme et sa maîtresse. Posez six questions pour essayer de déterminer le meurtrier. Écrivez vos questions et leurs résponses.

Vingt-troisième Leçon

Exercices de laboratoire

A. (oral-écrit) **Les pronoms possessifs.** For each sentence you hear, replace the possessive adjective and noun with the appropriate possessive pronoun.

◼ Nous avons nos livres.
Nous avons les nôtres.

1. Je cherche _____ .

2. Nous prendrons _____ .

3. _____ sont déjà partis.

4. J'ai _____ . Avez-vous _____ ?

5. Ces gens ont aussi _____ .

6. _____ ne sont pas très graves.

7. Elle a _____ demain. Quand as-tu _____ ?

B. (oral) **Préposition +** *qui* **ou** *quoi*. You will hear a statement. Ask the appropriate question, using the preposition given plus **qui** or **quoi**.

◼ J'ai parlé de mes problèmes.
De quoi avez-vous parlé?

(Items 1–6)

C. (oral-écrit) **Les pronoms interrogatifs.** You will hear questions using **quel** plus a noun. Restate each question, using the appropriate interrogative pronoun.

◼ Quel restaurant aimez-vous?
Lequel aimez-vous?

À quelle fille parle-t-il?
À laquelle parle-t-il?

1. _____ avez-vous vu?

2. _____ voulez-vous?

3. _____ avez-vous parlé?

4. _____ avez-vous écrit?

5. _____ va-t-il parler?

6. _____ a-t-elle envie?

D. (oral) *Ce que* **et** *ce qui.* Respond to each statement you hear by using the expression **voilà ce que** or **voilà ce qui**, as appropriate.

■ J'aime les carottes.
  Voilà ce que j'aime.

(Items 1–9)

E. Compréhension orale. Circle the words you hear in the following sentences.

1. ce qui   ce que

2. les miens   les miennes

3. le leur   les leurs

4. duquel   de quel

5. auxquelles   à quelles

DICTÉE: Au bureau des objets trouvés

_____

_____

_____

_____

_____

_____

_____

_____

_____

_____

_____

_____

_____

_____

_____

_____

_____

_____

_____

_____

_____

_____

Le vôtre, le sien, le nôtre, le leur, cela n'a aucune importance, Découverte et Création, page 502.

Vingt-quatrième Leçon

Exercices écrits

A. Récapitulation. Remplacez les tirets par des questions appropriées.

Dans un magasin

— Pardon, Mademoiselle, je voudrais acheter quelque chose.

— _____

— Je ne suis pas sûr. C'est un cadeau.

— _____

— C'est pour mon amie.

— _____

— Oh, elle aime beaucoup de choses. Elle aime lire, par exemple.

— _____

— Toutes sortes de livres.

— _____

— Oui, je crois que celui-là serait parfait._____

— Quarante-cinq dollars.

— Oh, _____ quelque chose d'autre?

B. Récapitulation. Remplacez les tirets par le pronom relatif approprié: **qui, que** ou **où.**

1. Avril est un mois _____ les arbres verdissent.

2. Picasso a peint des tableaux _____ tout le monde admire.

3. Les ordinateurs sont des machines _____ sont nécessaires à la vie moderne.

4. Voilà l'endroit _____ on a eu un tremblement de terre récemment.

5. Mon frère s'est marié avec une femme _____ j'aime beaucoup.

C. Le pronom relatif *lequel*. Complétez les phrases avec **lequel, laquelle, lesquels** ou **lesquelles.**
[Section 1]

1. Vous avez un lit dans _____ vous dormez.

2. J'ai acheté des lunettes sans _____ je vois très mal.

3. Il a ouvert la fenêtre devant _____ il était assis.

4. Julie voulait acheter un manteau mais elle en a vu deux entre _____ elle ne pouvait pas choisir.

5. Nous avons rendez-vous à cette maison à côté de _____ il y a un petit arbre et quelques roses.

D. Les pronoms relatifs *qui, que, où* **et** *dont.* Employez **qui, que, où** ou **dont** pour compléter les phrases. *[Section 1, révision]*

1. La mort est un phénomène _____ tout le monde a peur.

2. La mort est un phénomène _____ tout le monde craint.

3. J'ai acheté les roses _____ j'avais envie.

4. J'ai acheté les roses _____ étaient les plus belles.

5. Tu as dit une phrase _____ je n'ai pas entendu la fin.

6. Tu as dit une phrase _____ n'était pas claire.

7. C'était une maison _____ il y avait une piscine.

8. C'était une maison _____ la porte était rouge.

9. J'adore ce café _____ vous m'avez préparé.

10. J'adore ce café _____ l'arôme est très subtil.

E. Les pronoms relatifs. Utilisez un pronom relatif pour faire une seule phrase. *[Section 1, révision]*

▪ Les Martiens ont des antennes. Ils ne peuvent rien entendre sans leurs antennes.
Les Martiens ont des antennes sans lesquelles ils ne peuvent rien entendre.

1. Nous ferons un voyage. Il faudra faire beaucoup de préparatifs pour ce voyage.

_____

_____

2. Il n'y a qu'une porte. Vous entrez par la porte.

_____

_____

3. J'admire ces gens. Vous parlez de ces gens.

_____

_____

4. Regardez la porte. Une surprise se trouve derrière la porte.

_____

_____

5. La belle-mère de Blanche-Neige adorait son miroir. Elle parlait toujours à ce miroir.

_____

_____

6. Françoise et Marie sont des étudiantes françaises. Pierre leur écrit des lettres amusantes.

_____

_____

7. Je n'ai fait qu'une petite erreur. J'y ai pensé toute la nuit.

_____

_____

8. Un gâteau aux épinards et au chocolat, c'est quelque chose! Personne n'en a envie.

_____

_____

9. Voilà le pauvre Richard. On lui a vendu une maison au milieu du lac Champlain.

_____

_____

10. Vous avez dit quelque chose. Je ne m'en souviens pas très bien.

_____

_____

F. Les pronoms démonstratifs. Remplacez les mots en italique par le pronom démonstratif approprié. *[Section 2]*

■ J'ai acheté une nouvelle voiture parce que *la voiture* que j'avais ne marchait plus.
J'ai acheté une nouvelle voiture parce que celle que j'avais ne marchait plus.

1. Je parle trois langues, mais *la langue* que je préfère, c'est le sanskrit.

_____

_____

2. Quand Henri n'a plus de shampooing il utilise *le shampooing* de sa femme.

_____

_____

3. De tous les pays africains, nous voulons surtout visiter *les pays* où on parle français.

_____

_____

4. Je peux vous montrer plusieurs pull-overs: voudriez-vous voir *les pull-overs* d'hiver, *les pull-overs* qu'on met pour être chic ou *les pull-overs* qu'on met sur son chien?

_____

_____

5. Nous avons trois fils: *le fils* qui a les yeux verts s'appelle Simon; *le fils* qui travaille dans un bar s'appelle Jules; et *le fils* qui est professeur, Gérard, est *le fils* que vous connaissez.

_____

_____

G. **Les pronoms démonstratifs et relatifs.** Remplacez les tirets par **celui, celle, ceux, celles, lequel, laquelle, lesquels** ou **lesquelles.** N'oubliez pas que **celui** précède un pronom relatif ou une préposition et que **lequel** vient après une préposition. *[Sections 1, 2]*

1. Quelle montre voulez-vous? _____ qui indique la date, naturellement!

2. Les trains dans _____ on peut dormir vont plus loin que _____ où on ne dort pas.

3. De toutes les photos du livre, _____ qui m'amusent le plus sont _____ qui reflètent la vie quotidienne.

4. Saturne est la planète à _____ je voudrais voyager un jour.

5. Quand il faut choisir un restaurant, je choisis toujours _____ qui a un menu très varié.

H. **Le contexte des pronoms démonstratifs et relatifs.** Remplissez les tirets par un nom approprié et finissez la phrase. *[Sections 1, 2]*

▣ Le meilleur ___*théâtre*___ est celui où ___*nous pouvons voir quelque chose de différent chaque soir.*___

1. De toutes ces _____ , je préfère celle qui _____

_____ .

2. Vous avez lu beaucoup de _____ , mais vous ne comprenez pas ceux de

_____ .

3. Nous avons parlé de plusieurs _____ , et je m'intéresse surtout à celles

où _____ .

4. Voici des _____ ; choisissez celui que _____

_____ .

5. Il y a des _____ dans lesquels _____

_____ .

6. Où est le _____ dont _____

_____ ?

7. Ne voyez-vous pas votre _____ à côté duquel _____

_____ ?

8. Je vous présente _____ pour laquelle _____

_____ .

I. Les pronoms indéfinis. Répondez aux questions suivantes en employant **quelques-uns, quelques-unes, chacun** ou **chacune.** *[Section 3]*

▆ Avez-vous écrit quelques bonnes compositions?
  Oui, j'en ai écrit quelques-unes.

1. Est-ce que toutes les planètes sont visibles sans téléscope?

_____

2. Connaissez-vous quelques proverbes?

_____

3. Est-ce que certains oiseaux ne savent pas chanter?

_____

4. Est-ce que chaque étudiant a son goût?

_____

5. Avez-vous pris quelques décisions importantes récemment?

_____

6. Chaque chanteuse a son propre style, n'est-ce pas?

_____

J. Résumé. Finissez les phrases suivantes en exprimant vos impressions personnelles.

1. *Découverte et Création* est un livre que _____

_____ .

2. Il y a des leçons dans lesquelles _____

_____ .

3. Il y a beaucoup de photos dont _____

_____ .

4. La photo que j'aime le plus est celle _____

_____ .

5. Nous avons lu des lectures après lesquelles _____

_____ .

6. Les exercices oraux et écrits étaient quelquefois difficiles et quelquefois faciles. Le plus amusant

était celui _____

_____ .

7. Nous avons fait des exercices de laboratoire dans lesquels _____

_____ .

8. En somme, je trouve *Découverte et Création* un livre qui _____

_____ .

Vingt-quatrième Leçon

Exercices de laboratoire

A. (oral-écrit) Les pronoms relatifs. You will hear two sentences that refer to the same noun. Combine the sentences into one, using a form of the relative pronoun **lequel** after the preposition.

◼ C'est le stylo. Elle a écrit avec ce stylo.
C'est le stylo avec lequel elle a écrit.

1. Voilà les électeurs _____ .

2. Il a une piscine _____ .

3. Sais-tu la raison _____ ?

4. Je te montrerai le café _____ .

5. Il y a deux écoles _____ .

6. Vois-tu l'arbre _____ ?

7. J'ai entendu des nouvelles _____ .

B. (oral-écrit) *Dont.* You will hear two sentences referring to the same noun. Combine them into one sentence by using the relative pronoun **dont.**

◼ C'est un étudiant. Je connais la cousine de cet étudiant.
C'est un étudiant dont je connais la cousine.

1. Voilà les livres _____ .

2. J'ai vu un gâteau _____ .

3. Il a un jardin _____ .

4. Elle a un chat _____ .

5. C'est un ami _____ .

6. Voici un poète _____ .

7. C'est un roman _____ .

C. (oral-écrit) **Les pronoms *celui, celle, ceux* et *celles*.** Restate each sentence you hear by replacing the noun with the corresponding demonstrative pronoun.

▌ C'est la montre que je préfère.
C'est celle que je préfère.

C'est le restaurant où nous avons mangé.
C'est celui où nous avons mangé.

1. Voilà _____ nous sommes allés.

2. C'est _____ je préfère.

3. Voici _____ nous habitons.

4. _____ j'aime sont allemandes.

5. _____ chante s'appelle Marc.

6. _____ parlent sont furieux.

7. C'est _____ mon ami.

D. (oral) ***Chacun* et *quelques-uns*.** Restate each sentence you hear, using the appropriate indefinite pronoun.

▌ Quelques Américains parlent français.
Quelques-uns parlent français.

(Items 1–6)

E. **Compréhension orale.** Circle the words you hear in the following sentences.

1. pour lequel   pour laquelle

2. dans   dont

3. chacun   chacune

4. à quels   auxquels

5. quelques-uns   quelques-unes

_____

_____

_____

_____

_____

_____

_____

_____

_____

_____

_____

_____

_____

_____

_____

_____

_____

_____

_____

_____

_____

_____

_____

La Carrière difficile d'une femme écrivain: George Sand, _Découverte et Création_, page 520.

Deuxième Leçon de Révision
Exercices de laboratoire

A. (oral) **Les pronoms objets directs, objets indirects, les pronoms disjoints, *y* et *en*.** For each sentence you hear, replace the direct object, the indirect object, the object of the preposition, or the prepositional phrase with the appropriate pronoun.

◼ Nous regardons la télévision.
Nous la regardons.

(Items 1–10)

B. (oral) **L'impératif.** Respond to each sentence by giving an affirmative or negative command, as appropriate.

◼ Dites-moi de boire de l'eau.
Buvez de l'eau!

(Items 1–7)

C. (oral-écrit) *Ne ... jamais, ne ... personne, ne ... plus, ne ... ni ... ni,* etc. Answer each question in the negative.

◼ Parle-t-il encore français?
Non, il ne parle plus français.

1. Non, je _____ .
2. Non, je _____ .
3. Non, je _____ défaut.
4. Non, elle _____ dans son café.
5. Non, elle _____ chats.
6. Non, nous _____ jeunes.
7. Non, il _____ préparé.

D. (oral) **Le futur avec *quand*.** Change each sentence to the future tense.

◼ Je vous vois quand je suis en France.
Je vous verrai quand je serai en France.

(Items 1–5)

E. (oral-écrit)   L'emploi de *si*.   Restate each sentence with the result in the future tense.

◼ S'il ne pleut pas, nous faisons un pique-nique.
S'il ne pleut pas, nous ferons un pique-nique.

1. Si nous _____ le temps, nous _____ vous voir.

2. S'il le _____ , je leur _____ .

3. Si vous _____ prêt, nous _____ partir.

4. Si le professeur _____ absent, il _____ de classe.

5. Si tu _____ en France, tu _____ ton français.

F. (oral)   Les verbes pronominaux.   You will hear a series of commands with reflexive verbs. Respond with an affirmative or negative statement, as appropriate.

◼ Regardez-vous!
Je me regarde.

Ne vous dépêchez pas!
Je ne me dépêche pas.

(Items 1–5)

G. (oral-écrit)   Les prépositions *avant de* et *après*.   You will hear two statements. Explain the relationship between the two activities, using **avant de** plus infinitive or **après** plus past infinitive as indicated.

◼ Je me repose.   Je termine mes devoirs.   (avant de)
Avant de me reposer, je termine mes devoirs.

Il se lave.   Il s'habille.   (après)
Après s' être lavé, il s' habille.

1. Avant _____ , je me réveille.

2. Après _____ , je prends mon café.

3. Avant _____ , elle lit un peu.

4. Après _____ , vous vous sentirez mieux.

5. Avant _____ , nous vous avons téléphoné.

6. Après _____ , nous sommes allés à nos cours.

H. (oral-écrit)   L'hypothèse et le résultat au conditionnel.   You will hear a series of sentences in which the **si** clause is in the present and the result clause is in the future. Change each sentence to the imperfect and conditional.

▣ Si nous avons assez d'argent, nous irons en Europe.
   Si nous avions assez d'argent, nous irions en Europe.

1. S'il _____ beau, nous _____ nous promener.

2. S'ils _____ bien, ils _____ à l'examen.

3. Si vous _____ , vous _____ en retard.

4. S'il le _____ , je le leur _____ .

5. Si nous _____ , nous _____ .

I. (oral)   L'hypothèse et le résultat au conditionnel passé.   Restate each sentence in the past, putting the si clause into the pluperfect and the result clause into the past conditional.

▣ Si tu venais, nous serions contents.
   Si tu étais venu, nous aurions été contents.

(Items 1–5)

J. (oral)   *Devior* + infinitif.   You will hear a series of sentences expressing obligation or probability. Restate each sentence in the equivalent tense, using the verb **devoir**.

▣ Je suis obligé d'écrire une composition.
   Je dois écrire une composition.

(Items 1–6)

K. (oral-écrit)   *Devoir* au conditionnel + infinitif.   You will hear a series of commands. Use the conditional form of the verb **devoir** to make the same recommendation.

▣ Partez!
   Vous devriez partir.

1. _____ votre temps.

2. _____ les voir.

3. _____ .

4. _____ si tard.

L. (oral-écrit) Le subjonctif.   The following statements contain an infinitive verb form followed by a noun or pronoun, which you are to insert into each sentence. Replace the infinitive with either the subjunctive or the indicative, as appropriate.

> ■ Je ne pense pas être stupide.   (Jean)
> *Je ne pense pas que Jean soit stupide.*
>
> Je pense être intelligent.   (Jean)
> *Je pense que Jean est intelligent.*

1. J'aime que _____ à l'heure.

2. Je suis certain que _____ à l'heure.

3. Je ne suis pas certain que _____ raison.

4. Nous voulons qu' _____ en vacances.

5. Il croit que _____ ce roman.

6. Croit-il que _____ ce roman?

7. Elle travaille pour que _____ mieux vivre.

8. Elle est heureuse que _____ les voir.

9. J'ai peur que _____ un mauvais numéro.

10. Nous travaillerons pour que _____ .

11. Il aimerait que _____ toujours polis.

12. Croyez-vous que _____ ce film?